COLEÇÃO
Direito
PROCESSUAL
na Ordem
CONSTITUCIONAL

O Precedente Obrigatório e o Dilema entre Garantias Constitucionais e a Estandartização do Direito

COLEÇÃO
Direito PROCESSUAL na Ordem CONSTITUCIONAL

Coordenadores
Luiz Rodrigues Wambier
Fábio L. Quintas
Georges Abboud

O Precedente Obrigatório e o Dilema entre Garantias Constitucionais e a Estandartização do Direito

João Filho de Almeida Portela

2018

EDITORA JusPODIVM
www.editorajuspodivm.com.br

EDITORA
JusPODIVM
www.editorajuspodivm.com.br

Rua Mato Grosso, 164, Ed. Marfina, 1º Andar – Pituba, CEP: 41830-151 – Salvador – Bahia
Tel: (71) 3045.9051
• Contato: https://www.editorajuspodivm.com.br/sac

Capa: Marcelo S. Brandão *(santibrando@gmail.com)*

P923 O precedente obrigatório e o dilema entre garantias constitucionais e a estandartização do direito / João Filho de Almeida Portela – Salvador: Editora JusPodivm, 2018.

144 p. (Direito processual na ordem constitucional / coordenadores Luiz Rodrigues Wambier, Fábio L. Quintas, Georges Abboud)

Bibliografia.
ISBN 978-85-442-2399-4.

1. Direito Processual. 2. Constitucionalidade. I. Wambier, Luiz Rodrigues. II. Quintas, Fábio L. III. Abboud, Georges. IV. Portela, João Filho de Almeida. V. Título.

CDD 341.4

Dedico este livro à minha família, especialmente aos meus amados pais, João Portela e Marli Portela, e, de igual forma, aos pontos de equilíbrio Daiane Portela, João Neto e Daniel.

"Pedi, e dar-se-vos-á; buscai, e achareis; batei, e abrir-se-vos-á; Porque qualquer que pede recebe; e quem busca acha; e a quem bate abrir-se-lhe-á." (Lucas 11:9,10)

AGRADECIMENTOS

Inicio os agradecimentos rendendo Graças a quem deve ser conferida toda honra e toda glória: DEUS, ser supremo que guia e comanda a minha vida e de toda a minha família. Aliás, neste mundo regrado pela ambição e pela maldade, quando curvo ao PAI CELESTIAL, tenho absoluta certeza de que vale muito a pena ser do bem e ter uma vida ditada pela honestidade.

Agradeço aos meus amados pais, João Portela e Marli Portela, sertanejos como eu que, desde cedo e apesar da pouca instrução, mostraram-me que o estudo é o caminho para o homem evoluir. São cidadãos que me enchem de orgulho e que, ainda hoje, transmitem calosidade ímpar que só floresce em pessoas afeitas ao trabalho honesto e digno.

À minha querida esposa, Daiane Portela, pessoa de competência única e que sempre me apoiou em todos os desafios da vida e, dentre tantas ajudas, ajudou-me na correção e na redação final desta obra. Passados dez anos casados, tenho a certeza de que essa foi uma das decisões mais acertadas da minha vida.

Aos meus queridos filhos, João Neto e Daniel, que diariamente me demonstram o quanto vale a pena ser pai e, mesmo na tenra idade, dão exemplos engrandecedores. A eles, cujos significados bíblicos dos seus nomes são "DEUS é bondoso" e "DEUS é meu juiz", anseio outorgar a herança da educação e demonstrar que sempre valerá a pena ser honesto e do bem, assim como aprendi.

Também agradeço aos meus irmãos – Arnoldo, Audeci, Carlos (em memória), Zena, Nilma e Ilma –, pelas orações e companheirismo.

De forma especial, agradeço ao querido Professor Wambier, ser humano único e de conhecimento jurídico invejável, o qual com peculiar humildade me ajudou a nortear este livro e, de igual forma, consolou-me nos momentos de angústia. Agradeço também aos Professores Fábio Quintas e Daniel Falcão, os quais, na banca de qualificação, auxiliaram – e muito – nos rumos deste material.

Dentre tantos com importância destacada, quero ainda agradecer ao Estado de Mato Grosso, que me acolheu como mais um dos seus filhos, e também ao Poder Judiciário, que também permitiu a concretização deste sonho.

APRESENTAÇÃO

Não causa surpresa a constatação de que o eixo de compreensão do direito migrou dos Códigos para a Constituição. Porém, isso não quer dizer, como alerta Zagrebelsky, que a Constituição tenha passado a ocupar o lugar e a função que se atribuía à legislação na era das codificações[1]. É dizer, constitui um equívoco pensar que essa modificação do eixo condutor do Direito tenha significado um processo de desdiferenciação dos diversos campos do direito, com sua redução ao Direito Constitucional. Longe disso: as normas jurídicas não se reduzem a princípios e a prática do Direito não se desenvolve plenamente apenas a partir do Direito Constitucional.

O que se tem, portanto, é que a Constituição adquire uma função unificadora, dando sentido e integridade ao direito, que só pode ser adequadamente compreendido quando por meio da lei, das normas constitucionais e da justiça. Ou, como bem explicitado por Zagrebelsky, a Constituição pluralista representa a estrutura de um pacto no qual cada uma das partes implicadas introduz os princípios que correspondem ao seu ideal de justiça. A lei mantém, assim, a natureza de ato criador do direito, e não é mera execução da Constituição[2].

1. ZAGREBELSKY, Gustavo. *El derecho dúctil. ley derechos, justicia*. 8ª ed. Trad. Marina Gascón (da 1ª ed. Italiana de 1992). Madrid: Editorial Trotta, 2008.
2. ZAGREBELSKY, Gustavo. *El derecho dúctil. ley derechos, justicia*. 8ª ed. Trad. Marina Gascón (da 1ª ed. Italiana de 1992). Madrid: Editorial Trotta, 2008. pp. 96-97.

Nas palavras de Canotilho, "pretende-se afirmar que a Constituição se impõe como lei mesmo no âmbito dos direitos fundamentais, que, desta forma, não podem ser rebaixados a simples declarações ou normas programáticas ou até a simples fórmulas de oportunidade política. Todavia, a expressa afirmação da vinculatividade não significava nem significa que as normas consagradoras de direitos fundamentais excluam a necessidade de uma maior densificação operada sobretudo através da lei"[3].

Contemporaneamente, lei e Constituição estabelecem relação imprescindível para manutenção da democracia constitucional. Se, por um lado, a Constituição vincula todos os Poderes no âmbito formal e material, permitindo, assim, a atuação contramajoritária do Judiciário, por outro, a lei é o instrumento democrático por excelência para contingenciar o dissenso político na tomada das decisões. Incursões judiciais ativistas nesse espaço da composição política democrática, sem o devido respaldo constitucional, contribuem para a deterioração e fragilização da democracia. O processo é justamente o espaço em que essa constante tensão é produzida. Daí a importância de redimensionamento constitucional e transteórico para o estudo da contemporânea dogmática processual.[4]

Seria simplista, por exemplo, reduzir a relação processual à simples manifestação de um princípio constitucional como o do contraditório. O correto sentido de "devido processo legal" evidencia que a relação processual mira diversos princípios constitucionais, que podem entrar em oposição entre si, como celeridade, isonomia, contraditório, segurança jurídica e ampla defesa. Ou seja, o processo é o espaço de proteção dos princípios constitucionais e direitos

3. CANOTILHO, José Joaquim Gomes. *A Constituição Dirigente e vinculação do Legislador: contributo para a compreensão das normas constitucionais programáticas*. 2ª ed. Coimbra: Coimbra Editora, 2001. pp. XV e XVI.

4. Sobre essa tensão ver: FALLON, Richard. "The Core of an uneasy case for judicial review". *Harvard Law Review*, n.121, p.1701- 1736, 2008. WALDRON, Jeremy. "The core of the case against judicial review". ***The Yale Law Journal***, n. 115, p. 1347-1406, 2006.

fundamentais. Somente nessa perspectiva se faz legítima a atuação do poder jurisdicional. Outrossim, a relação processual também lida com esses diversos princípios constitucionais ao lado de institutos processuais complexos, tais como jurisdição, competência, ação, defesa, revelia, tutela provisória (de urgência e de evidência), coisa julgada, sistema recursal.

Em outras palavras, os institutos processuais não são uma mera redução de normas constitucionais; ao revés, espelham em si complexos arranjos daquilo que compreendemos como devido processo legal.

O Estado de Direito apenas pode ser corretamente compreendido e vivenciado quando se resgata essa complexidade do ordenamento jurídico, que busca resgatar a ideia de que o direito não é apenas um ato de vontade, pelo qual cumpre ao intérprete preencher o sentido que lhe parece razoável de contraditório, ampla defesa ou segurança jurídica, mas é uma prática compartilhada que deve orientar as nossas condutas.

Em tempos em que ser revolucionário é defender a lei (ou, como provocou o Prof. Lenio Streck, é pregar a legalidade), urge, assim, resgatar a dogmática jurídica, cuja função pode ser compreendida como "controle de consistência da decidibilidade, sendo, então, a partir dela que se torna viável definir as condições do juridicamente possível"[5], agora comprometida com os influxos da Constituição, para resgatar o sentido dos institutos processuais, definidos na legislação, na jurisprudência e na prática jurídica, no contexto da Ordem Constitucional.

Esse é o propósito do selo "Direito Processual na Ordem Constitucional", lançado pela Editora Juspodivm: promover uma dogmática processual comprometida com a Constituição, sabendo que o Direito Processual não pode ser estudado de uma forma au-

5. FERRAZ JR., Tércio Sampaio. *Função social da dogmática jurídica*. 2ª ed. São Paulo: Atlas, 2015, p. 97.

torreferente, mas também que ele não se reduz a um mero apêndice do Direito Constitucional. Para tanto, pretende-se levar ao leitor pesquisas acadêmicas, de mestrado e doutorado, que explorem as múltiplas interconexões entre Processo e Constituição.

Convidamos a comunidade jurídica a participar desse projeto.

Luiz Rodrigues Wambier

Fábio L. Quintas

Georges Abboud

SUMÁRIO

INTRODUÇÃO

A temática do precedente judicial não possui expresso tratamento na Constituição da República Federativa do Brasil de 1988. Somente após a edição da Emenda Constitucional 45/2004 que previu a possibilidade de o Supremo Tribunal Federal editar súmulas com efeito vinculante – art. 103-A da CRFB/88 –, o assunto passou a ser mais e melhor enfrentado pela literatura brasileira.

Gradativamente, o tema precedente judicial ganha maior importância no cenário jurídico brasileiro, mormente à luz da modelagem e da acuidade conferida pelo Código de Processo Civil de 2015 – Lei 13.105.

Não se pode perder de vista que, até então, frisa-se, a valoração da jurisprudência do Supremo Tribunal Federal e do Superior Tribunal de Justiça decorria principalmente das previsões constitucionais de que, a tais Tribunais, competia, respectivamente, a guarda da Constituição e ditar a interpretação da legislação federal (arts. 103 e 105).

Sem embargo, ainda hoje, súmulas e jurisprudência pretorianas são afastadas sem explicações mínimas por órgãos julgadores, inclusive súmulas vinculantes, a exemplo do uso de algemas – objeto da vinculante 11/STF – e, ainda, aplicadas sem critério e olvidando a *ratio decidendi*.

Nesse contexto, possível registrar que, a partir da citada Emenda Constitucional, foram promulgadas leis para regrar matéria da súmula vinculante – Lei 11.417/2006 –, bem assim do recurso extraordinário e do recurso especial – Lei 11.418/2006 –, confiando a todos eles o ditame de observância obrigatória, nos termos dos revogados artigos 543-B e 543-C do CPC de 1973.

Por conseguinte, com a promulgação do atual Código de Processo Civil foi reafirmada a referida diretriz que, aliás, houve por ser reforçada consoante se extrai, exemplificativamente, dos arts. 489, V e VI, 926, § 2º, 927, § 5º, 988, bem assim em incidente de assunção de competência (CPC, 948).

Assim, verifica-se que, em princípio, a legislação brasileira passou a aderir ao sistema de precedentes judiciais, o que demanda análise a fim de verificar o seu mandato ou sua missão constitucional, notadamente pela imperiosa necessidade de sempre primar pela constitucionalização do direito.

Nesse contexto, em um sistema que garante o acesso efetivo e assegura a duração razoável do processo (CRFB/88, § 5º, XXXV e LXXVII) não se pode deixar de perquirir na genuína função do precedente que, como é intuitivo, não pode se restringir a arquivamento de processos, cumprimentos de metas em olvide à garantia do acesso à ordem jurídica justa.

Por conseguinte, o tema em comento possui elo evidente com a jurisdição constitucional, cuja ideia matriz é rigidez constitucional e cuja imagem começou a ser desenhada nos séculos XVII e XVIII com o surgimento do constitucionalismo, o qual tinha como viga mestra implementar princípios democrático-liberais e que culminou por produzir significativas alterações quer no âmbito do direito positivo, quer no sistema político.

O reconhecimento da força normativa da Constituição, a expansão da jurisdição constitucional e o desenvolvimento de uma nova dogmática pós-positivista de interpretação constitucional alojam a CRFB/88 para o centro do sistema jurídico fazendo com que ela passasse a ter um papel imprescindível na interpretação de todos os demais ramos do direito, dando origem ao fenômeno da filtragem constitucional ou constitucionalização do direito.

Ainda que não se olvide a importância de se ter uma prestação jurisdicional previsível, a qual tem a virtude de prestigiar a segurança jurídica, a igualdade e a duração razoável do processo, verifica-se que a sistemática brasileira é alvo de severas críticas que vão desde a atuação do Judiciário como legislador positivo e que, de igual modo, remete à possibilidade de enrijecimento do sistema jurídico.

Na reflexão que é proposta, não é defendida a irrestrita liberdade decisória do juiz já que, como cediço, o livre convencimento fomenta o que se convencionou chamar de decisionismo que tanto mal oferece, principalmente, ao jurisdicionado, na condição de destinatário imediato da prestação jurisdicional, o qual fica sujeito a arbitrariedades frente a pronunciamentos de todas as espécies diante da veneta do julgador.

Contudo, questiona-se a imposição de padrão decisório consistente em sempre buscar as respostas no repositório jurisprudencial que, talvez, pode funcionar como impedimento ao acesso efetivo, negando ao julgador atos de inteligência e de vontade, substituindo a razão pela autoridade.

Assim, o questionamento central é averiguar como um precedente de observância obrigatória, impondo padrão decisório, funcionando como mais um elemento de constrangimento da atividade judicial e, talvez, empecendo a análise das vicissitudes do caso concreto, pode cumprir missão constitucional em um sistema jurídico que tem como garantia fundamental, conforme art. 5º, XXXV da CRFB/88, o acesso efetivo, tempestivo e adequado ao Poder Judiciário.

Nesse viés, propõe-se, inicialmente a análise do acesso à justiça na linha da jurisdição constitucional, destacando à *judicial review* e aos estudos de Alexander Hamilton, os quais foram expostos no *federalist papers*. De conseguinte, é esmiuçado o acesso, a amplitude, momento, custo e adequação da tutela jurisdicional.

Em seguida, aborda-se a teoria dos precedentes, destacando o sistema anglo-americano e modelos que, a exemplo do alemão e o *stare decisis* norte americano, emprestam efeito vinculante a pronunciamentos judiciais. Constitui objeto de enfrentamento a questão da eficácia dos precedentes, conferindo ênfase aos obrigatórios e aos persuasivos e, ainda, as críticas dirigidas aos precedentes obrigatórios.

Em tal contexto, apesar de não se duvidar dos instrumentos de dinamização do precedente judicial - *distinguishing* e *overruling* –, em busca de uma resposta plausível, imprescindível será a análise da perspectiva da coerência na argumentação jurídica de Neil Maccormick, sem olvidar as contribuições de Chaim Perelman e sua análise do direito como sistema.

É destacado, em tal propósito, o direito como sistema, capaz de responder todas as questões, o qual só pode surgir após longa história, durante a qual se desenvolveu grande número de problemas e se elaboraram procedimentos e técnicas de solução, sobressaindo a valoração do processo decisório construído à luz da coerência, o qual não pode ignorar as decisões tomadas no passado e nem mesmo as consequências para o futuro.

Por derradeiro, sem conferir devoção ao neoconstitucionalismo, debruça-se sobre a prestação jurisdicional em um sistema que impõe precedente obrigatório e, talvez, a aplicação irrestrita de regras, analisando-se a liberdade decisória e a adequação da atividade judicial, notadamente à luz das peculiaridades do caso concreto.

Assim, com tais reflexões, busca-se averiguar o mandato constitucional do precedente frente a um sistema jurídico que deve assegurar um acesso à justiça de forma efetiva, adequada e tempestiva.

1

ACESSO À JUSTIÇA NA PERSPECTIVA DA JURISDIÇÃO CONSTITUCIONAL

De há muito, doutrina e jurisprudência discutem o papel do Judiciário no sistema democrático, não sendo raras as críticas quando a justiça assume posição ativa, ainda que ao fundamento ou pretexto de resguardar direitos e garantias com extração constitucional.

Trata-se de divergência recorrente e, para fins de exemplo, o controle judicial de políticas públicas tem um destaque marcante, desenvolvendo-se teorias – teses e antíteses – das mais diversas ordens.

Na linha do presente estudo, contudo, a posição assumida pelo Judiciário é outra, já que, notadamente a partir do atual Código de Processo Civil, tem-se idealizado um sistema de direitos concebido pelos tribunais brasileiros, acolhendo-se, em certa medida, precedentes judiciais em um país subscritor da *civil law*[1].

Nesse contexto, ainda que a noção geral seja de que a função do Judiciário é a de tutelar direitos e garantias fundamentais, a imposição de padrão decisório pode determinar o enrijecimento do direito e, inclusive, constituir óbice ao acesso efetivo à ordem jurídica.

---

1. Em regra, não se fala em sistema puro já que prepondera uma mistura das famílias *civil law* e *common law*.

Assim, a atuação do Judiciário como legislador positivo, ainda que com expressa autorização legal, também é alvo de questionamento.

Portanto, a investigação que se propõe consiste em verificar como um precedente de observância obrigatória, impondo padrão decisório, limitando a liberdade decisória[2] e até olvidando as peculiaridades de cada caso, cumpre missão constitucional em um sistema jurídico que, dentre outras, tem como garantia fundamental, conforme art. 5º, XXXV, da CRFB/88, o amplo acesso ao Poder Judiciário.

Diga-se, desde logo, não haver a pretensão de defender a liberdade decisória que seria a mão oposta à via do precedente de observância obrigatória, mas de fomentar a ideia de acesso a uma ordem jurídica justa que, apesar de oferecer previsibilidade, não abdica da construção de resposta à luz das peculiaridades de cada caso.

Sem descuidar da importância das técnicas de dinamização da decisão de observância obrigatória – *distinguishing* e *overruling* –, a resposta ao questionamento será buscada em teorias que analisam a coerência e que fomenta a construção de sistema de direitos.

1.1. NOÇÕES GERAIS

O primado da Constituição deve sobressair em um Estado que se qualifica como Republicano e Democrático de Direito[3].

---

2. Na linha da ampla liberdade para decidir, citando Franco Cipriani, lembra o Professor Fábio Quintas que o autoritarismo processual se caracteriza pela "*atribuição de poderes discricionários em demasia ao juiz, conferindo-lhe uma esfera de atuação sem controle, pela falta de meios de impugnação e pela imposição de uma disciplina mortificante aos advogados, pela proeminência dada ao princípio da oficialidade em detrimento do dispositivo*". QUINTAS, Fábio Lima. **Para que um novo código de processo civil? Uma reflexão sobre os novos contornos da função jurisdicional**. Revista dos Tribunais Online – Revista de Processo/vol. 256/2016/p. 295-316/ jun/2016 – DTR 2016/19774

3. É conhecida a lição de José Afonso da Silva (2004:45), "*a Constituição de um País é a pedra angular, em que assenta o edifício do moderno direito político,*

Malgrado visto como um fenômeno relativamente novo, todos os Estados sempre possuíram uma Constituição real e efetiva como já registrou Ferdinand Lassale[4]. No entanto, efetivamente inovadoras são as constituições escritas[5] que culminaram com o surgimento do constitucionalismo[6].

> (...) a ideia de Constituição precede ao próprio constitucionalismo, entendido este como um movimento político constitucional que pregava a necessidade da elaboração de Constituições escritas que regulassem o fenômeno político e o exercício do poder, em benefício de um regime de liberdades públicas. Isso porque, em qualquer época e em qualquer lugar do mundo, em havendo Estado, sempre houve e sempre um complexo de normas fundamentais que dizem respeito com a sua estrutura, organização e atividade. (DA CUNHA JÚNIOR, Dirley, 2006, 21).

O constitucionalismo que se qualifica como um movimento político, social, jurídico e ideológico trouxe consideráveis mudanças para a função jurisdicional e, não se olvide, a principal delas foi a Constituição escrita influenciada por "*ideias contratualistas e do pensamento de Edward Coke, difundiu-se a técnica de expressar em documentos escritos de modo articulado os princípios reitores da*

---

posicionando a Constituição no topo da pirâmide iluminando todo ordenamento infraconstitucional".

4. Ferdinand Lassale – Que é uma CONSTITUIÇÃO – Edições e Publicações Brasil, São Paulo, 1933 – Tradução Walter Stönner

5. A primeira Constituição escrita foi o *Instrument of government* editado por Cromwell em 1953. Critica essa informação Manoel Gonçalves Ferreira Filho porque foi um documento efêmero, pouco importante e de eficácia duvidosa, peculiaridades que retiram tal condição. (In Estado de Direito e Constituição – São Paulo: Saraiva, 1988, p. 73)

6. (...) a ideia de Constituição precede ao próprio constitucionalismo, entendido este como um movimento político constitucional que pregava a necessidade da elaboração de Constituições escritas que regulassem o fenômeno político e o exercício do poder, em benefício de um regime de liberdades públicas. Isso porque, em qualquer época e em qualquer lugar do mundo, em havendo Estado, sempre houve e sempre um complexo de normas fundamentais que dizem respeito com a sua estrutura, organização e atividade. (DA CUNHA JÚNIOR, Dirley, 2006, p. 21).

organização do Estado" (LEAL, 2006, p. 14), sendo certo que isso poderia se materializar em mais de um ato ou documento.

Konrad Hesse na obra *A Força Normativa da Constituição*[7] teve contribuição na superação da retrógrada concepção de que a Constituição era um documento sem valor jurídico e, de igual modo, da ideia segundo a qual era atribuição exclusiva do legislador e do administrador a concretização de suas proposições, ensejando e reforçando a ideia de supremacia e, por isso, hodiernamente revela-se defensável a ideia de controle judicial de direitos prestacionais com extração constitucional.

De conseguinte, o norte principal da jurisdição constitucional é a ideia de rigidez constitucional, cuja imagem começou a ser desenhada nos séculos XVII e XVIII com o surgimento do já referido constitucionalismo que tinha como viga mestra implementar princípios democrático-liberais e que terminou por produzir significativas alterações quer no âmbito do direito positivo, quer no sistema político.

Ao lado do texto escrito que traz regras e princípios vulneráveis, houve por requisitar um complemento consistente na rigidez constitucional, que, aliás, é um marco que singulariza as constituições formais, não só por causa do seu processo dificultoso de alteração, mas para distingui-la das leis comuns.

Esse processo dificultoso marca um caminho especial e complexo de alteração do texto maior, fator que "*confere à Constituição status de norma jurídica fundamental, suprema em relação a todas as outras.*" (DA CUNHA JUNIOR, Dirley, 2006, p. 38). Com introdução dos elementos de rigidez constitucional "*os comandos normativos constantes do documento designado por Constituição passaram a ter forma diversa dos demais comandos normativos: forma constitucional.*" (LEAL, Roger Stiefelman, 2006, p. 16).

---

7. HESSE, Konrad. Porto Alegre: Safe, 1991.

Com isso trouxe à baila a distinção entre fórmula legal e constitucional, de modo que os atos elaborados devem se mostrar concordes com a Constituição, maneira essa de sublinhar a hierarquia das normas e, num derradeiro juízo, externar a supremacia constitucional.

A missão de resguardar a Constituição compete a todos os concidadãos, como também ao órgão encarregado de dizer o direito – Poder Judiciário – e, principalmente, à Corte cuja missão primeira é a guarda da Maior Lei do país (CRFB/88, art. 102).

Acerca da Suprema Corte brasileira, cumpre destacar que foi instituída em janeiro de 1829, através da Lei de 18 de setembro de 1828, a qual era composta de dezessete Ministros que, diante do dogma do parlamento reinante em função da Carta Imperial, tinha competência limitada, tanto que o art. 164 dizia que parcela de jurisdição se referia à concessão ou denegação de revistas, conhecer de delitos e erros de ofício cometidos por seus Ministros, Ministros das Relações, Empregadores do Corpo Diplomático e os Presidentes das Províncias, examinar conflitos de jurisdição e competência das relações das Províncias (MENDES, 2005, p. 25)[8].

8. "Apesar de o Poder Judiciário brasileiro ser independente de Portugal desde 1808, o Supremo Tribunal Federal teve a sua instituição prevista apenas na Constituição republicana de 1891. Sua instalação se deu no dia 28 de fevereiro daquele ano, quando foi realizada sua primeira sessão plenária, sob a presidência interina do Ministro Sayão Lobato, o Visconde de Sabará, que havia presidido o Supremo Tribunal de Justiça no fim do Império. Na mesma sessão, os Ministros elegeram o novo presidente, o baiano Freitas Henriques. Considerada a precedência histórica, os órgãos de cúpula da Justiça brasileira foram a Casa da Suplicação do Brasil (10 de maio de 1808 a 8 de janeiro de 1829 – instituída por alvará régio pelo príncipe regente D. João, em 1808), o Supremo Tribunal de Justiça (de 9 de janeiro de 1829 a 27 de fevereiro de 1891 –Império) e o Supremo Tribunal Federal (desde 28 de fevereiro de 1891 – República). O Rio de Janeiro sediou, no período monárquico, o Supremo Tribunal de Justiça. Na fase republicana, o Supremo Tribunal Federal funcionou na cidade até 20 de abril de 1960, quando a capital foi transferida para Brasília, pelo Presidente Juscelino Kubitschek, conhecido também como JK." (http://www2.stf.jus.br/portalStfInternacional/cms/verConteudo.php?sigla=portalStfSobreCorte_pt_br&idConteudo=196222&modo=cms)

Com a proclamação da República em 15 de novembro de 1889, sobreveio a chamada Constituição Provisória (Decreto 510 de 22.6.1890) que dizia ser o STF composto de quinze Ministros dentre os Juízes Federais mais antigos e cidadãos de notório saber jurídico e reputação ilibada, desde que elegíveis para o Senado Federal, os quais eram nomeados pelo Presidente após a confirmação dessa Casa. No entanto, a instituição só ocorreu após a primeira Constituição da República (24.02.1981) eis que constou em sua Seção III, que "*O Poder Judiciário, da União terá por órgãos um Supremo Tribunal Federal, com sede na Capital da República e tantos Juízes e Tribunais Federais, distribuídos pelo País, quantos o Congresso criar.*" (art. 55).

À época, a competência do Supremo foi alargada sobremaneira[9].

9. Art. 59 – Ao Supremo Tribunal Federal compete:
I – processar e julgar originária e privativamente:
a) o Presidente da República nos crimes comuns, e os Ministros de Estado nos casos do art. 52;
b) os Ministros Diplomáticos, nos crimes comuns e nos de responsabilidade;
c) as causas e conflitos entre a União e os Estados, ou entre estes uns com os outros;
d) os litígios e as reclamações entre nações estrangeiras e a União ou os Estados;
e) os conflitos dos Juízes ou Tribunais Federais entre si, ou entre estes e os dos Estados, assim como os dos Juízes e Tribunais de um Estado com Juízes e Tribunais de outro Estado.
II – julgar, em grau de recurso, as questões resolvidas pelos Juízes e Tribunais Federais, assim como as de que tratam o presente artigo, § 1º, e o art. 60;
III – rever os processos, findos, nos termos do art. 81.
§ 1º – Das sentenças das Justiças dos Estados, em última instância, haverá recurso para o Supremo Tribunal Federal:
a) quando se questionar sobre a validade, ou a aplicação de tratados e leis federais, e a decisão do Tribunal do Estado for contra ela;
b) quando se contestar a validade de leis ou de atos dos Governos dos Estados em face da Constituição, ou das leis federais, e a decisão do Tribunal do Estado considerar válidos esses atos, ou essas leis impugnadas.
§ 2º – Nos casos em que houver de aplicar leis dos Estados, a Justiça Federal consultará a jurisprudência dos Tribunais locais, e vice-versa, as Justiças dos Estados consultarão a jurisprudência dos Tribunais Federais, quando houverem de interpretar leis da União.

> A primeira Constituição Republicana, de 24 de fevereiro de 1891, introduziu uma nova concepção do Poder Judiciário. A influência da doutrina constitucional americana contribuiu para que se outorgasse ao Supremo Tribunal Federal a função de guardião da Constituição e da ordem federativa, reconhecendo-se-lhe a competência para aferir a constitucionalidade da aplicação do direito através de um recurso especial. (Mendes, 2005, p. 25)

Vale observar que a Constituição de 1934, em seu art. 91[10], inciso IV, trouxe, de forma inovadora, a regra, segundo a qual, declarada à inconstitucionalidade pelo Supremo, o órgão de cúpula do Judiciário aciona o Senado Federal para suspender no todo ou em parte a lei declarada inconstitucional. Tal dispositivo só não foi reiterado na Constituição de 1937 que cuidou de concentrar todo o poder nas mãos do Chefe do Executivo.

Somente em 1965 é que surgiu o controle abstrato ou por via de ação cuja inconstitucionalidade é tratada como matéria *principalitter* e, à época, a legitimação era exclusiva do Procurador Geral da República. Sem embargo, o Supremo Tribunal Federal sempre teve em mãos o recurso extraordinário como via processual hábil a uniformizar a jurisprudência que se afigurassem contraditórias ou até afrontatórias da unidade constitucional, que se externa e externava com toda evidência no controle difuso.

> A combinação desses dois sistemas outorga ao Supremo Tribunal Federal uma peculiar posição tanto como órgão de revisão de última instância, que concentra suas atividades no controle de questões constitucionais discutidas nos diversos processos, quanto como Tribunal Constitucional, que dispõe de competência para aferir a constitucionalidade direta das leis estaduais

10. Art. 91 – Compete ao Senado Federal: (...) IV – suspender a execução, no todo ou em parte, de qualquer lei ou ato, deliberação ou regulamento, quando hajam sido declarados inconstitucionais pelo Poder Judiciário.

> e federais no processo de controle abstrato das normas. (MENDES, Gilmar Ferreira, 2005, p. 21).

Com isso e as reformas sequentes levadas a efeito pelo Poder Constituinte Originário, a Corte incrustou em nosso mundo jurídico tendo a atual Constituição consagrado a "*solução de compromisso, que ampliava a competência originária do Tribunal, em relação a novos remédios constitucionais e ao controle abstrato de normas e restringir a sua competência recursal.*" (MENDES, 2005, p. 40).

A partir de então houve evoluções na competência da Suprema Corte Brasileira[11], até se chegar a atual composição e se deixar expressamente assente o papel de guardião da nossa maior lei.

Nessa toada, cediço que a todo juiz ou Tribunal é dado pronunciar a inconstitucionalidade de uma lei frente a um caso concreto, em cujo controle difuso disso redundará a negativa de aplicar este ou aquele preceito legal à situação vertente. Aliás, não se trata de uma faculdade, mas de um dever já que, em um Estado Democrático de Direito, a inconstitucionalidade constitui vício de destacada gravidade.

Forçoso convir que a energia normativa que emana da Constituição a todos vincula. Não é por outra razão que o Presidente da República, quando da posse, presta o compromisso de manter, defender e cumprir a Constituição (CF/88, art. 78, 'caput'), observação que se estende ao Legislativo e, principalmente ao Judiciário cuja função primeira é dizer o direito.

---

11. Com a proclamação da República em 15 de novembro de 1889, sobreveio a chamada Constituição Provisória (Decreto 510 de 22.6.1890) que dizia ser o STF composto de quinze Ministros dentre os Juízes Federais mais antigos e cidadãos de notório saber jurídico e reputação ilibada, desde que elegíveis para o Senado Federal, os quais eram nomeados pelo Presidente após a confirmação dessa Casa. No entanto, a instituição só ocorreu após a primeira Constituição da República (24.02.1981) eis que constou em sua Seção III, que "*O Poder Judiciário, da União terá por órgãos um Supremo Tribunal Federal, com sede na Capital da República e tantos Juízes e Tribunais Federais, distribuídos pelo País, quantos o Congresso criar.*" (art. 55).

Mas a inconstitucionalidade não é restrita a compatibilidade de norma e Constituição. Já disse nesse rumo Teori Albino Zavascki (2001:13) que "*Comete-se inconstitucionalidade não apenas editando normas incompatíveis com a Constituição, mas também por atos individuais ou por omissões a ela contrários.*"[12]

Em função disso, Jorge Miranda (1988:229) registrou que tal exegese abarcaria "*tanto acções e omissões dos órgãos do poder político quanto acções e omissões dos particulares e por envolver, em consequência, regimes jurídicos muito diversos.*" Isso dissoaria também da ideia existente desde a Constituição da República de 1891 que da fala de Rui Barbosa ouvia-se ser "*Pressuposto inarredável do controle judicial era a* efetiva ou pretensa lesão a determinado direito." (MENDES, 2005: 26).

Acrescenta o doutrinador português:

> Há sempre uma norma violada, e não outra. Pela inconstitucionalidade, transgride-se uma norma constitucional uma a uma, não se transgridem todas ao mesmo tempo e de igual modo. Pode assim ficar afectado todo um instituto ou capítulo que nem por isso – subsistindo a Constituição e dispondo ela de meios de garantia da sua integridade – deixa de ser através de qualquer das suas normas (ou de segmentos de normas) que a inconstitucionalidade se manifesta. Um comportamento enquanto tal

12. A esse respeito já registrou JORGE MIRANDA: "I – Constitucionalidade e inconstitucionalidadedesignam conceitos de relação: a relação que se estabelece entre uma coisa – a Constituição – e outra coisa um comportamento – que lhe está ou não conforme, que cabe ou não cabe no seu sentido,, que tem nela ou não a sua base. Assim declaradas, são conceitos que parecem surgir por dedução imediata. De modo pré-sugerido, resultam do confronto de uma norma ou de um acto com a Constituição, correspondem-a atributos que tal comportamento recebe em face de cada norma constitucional. Não se trata de relação de mero caracter lógico ou intelectivo. É essencialmente uma relação de carácter normativo e valorativo, embora implique sempre um momento de conhecimento. Não estão em causa simplesmente a adequação de uma realidade a outra realidade, de um quid a outro quid ou a desarmonia entre este e aquele acto, mas o cumprimento ou não de certa norma jurídica. (MIRANDA, Jorge, pp. 228/9).

> contrário a toda a Constituição juridicamente significativo só poderia ser uma revolução. (MIRANDA, Jorge, 230).

E a dita conflagração passa ao largo do controle de constitucionalidade, servindo, quando muito, para imposição de sanção penal.

> A relevância constitucional de muitos comportamentos dos particulares, enquanto tais ou enquanto cidadãos, não permite assimilar - sob pena de imediata necessidade de distinções e subdistinções - a sua eventual desconformidade com normas constitucionais à desconformidade por parte de órgãos do poder. É diferente a função da Constituição perante o poder político e perante os particulares. E os meios e as formas de garantia das normas e dos valores constitucionais são também completamente diferentes (desde os de Direito privado aos de Direito penal). (MIRANDA, Jorge, 313).

É possível, frisa-se, que o agir de um particular vá de encontro ao previsto no texto magno e tal ato será eivado da inconstitucionalidade, mas, mesmo aqui, tais atos inconstitucionais não são controlados, mas punidos[13]. Certamente é por isso que o saudoso Ministro do Supremo Tribunal Federal, Teori Albino Zavaski, já registrava quando Juiz Federal da 4ª Região que a inconstitucionalidade transcende o campo da hierarquia das normas[14], aduzindo também que quaisquer desses atos são passíveis de controle.

---

13. São de Jorge Miranda as palavras que seguem: "A Constituição diz que a validade das leis e dos demais actos do Estado, das regiões autónomas e do poder local depende da sua-conformidade com a Constituição (art. 3.0, n.º 3), abrangendo aí quaisquer espécies de actos. Todavia, ao definir quer a inconstituciónalidade por acção (art. 277.0, n.º 1) quer a inconstitucionalidade por omissão (art. 283.0), só alude a normas. Não significa isto que ela confine a inconstitucionalidade a actos normativos ou a omissões normativas. Significa apenas que o regime específico de fiscalização que estrutura, através dos tribunais em geral (art. 207.0) e do Tribunal Constitucional em especial (arts. 277.º e segs.), esta predisposto para tais actos e omissões, sem que isso impeça – como se verá – a existência de outros regimes para outras categorias de comportamentos." (p. 314).

14. Inconstitucional será o ato ou a omissão do particular não-compatível com o catálogo dos deveres que a Constituição lhe impõe ou com os direitos que assegura

Nesse contexto, revela-se plenamente factível controlar a constitucionalidade de um precedente obrigatório. Ora, ainda que se cogite na inviabilidade de um magistrado de primeiro grau reconhecer desacerto de uma decisão pretoriana, não custa lembrar que a todo juiz ou tribunal é licito declarar a (in)constitucionalidade de lei ou ato normativo, razão por que, ainda que num viés neoconstitucionalista, se pode declarar eiva de ato normativo criado pelo Parlamento eleito pelo povo, *a fortiori* também poderá fazê-lo em relação às próprias criações judiciais.

E é nessa área de domínio que reside o campo fértil da jurisdição constitucional através da hermenêutica e aplicação da Constituição Federal, quer seja exercida por qualquer Juiz ou Tribunal, quer seja exercida pelo Supremo. Em resumo: a partir da averiguação da conformidade de uma norma frente a Constituição, de qualquer forma, está o Judiciário exercendo jurisdição constitucional.

Trata-se de "*atividade que não se restringe, portanto, ao controle de constitucionalidade das leis e nem é exercida apenas pelo Supremo Tribunal Federal. Ela congrega todos os órgãos do Poder Judiciário e compreende o conjunto de atribuições jurisdicionais que digam respeito à salva-guarda e à efetividade das normas constitucionais.*" (ZAVASCKI, Teori Albino, 2001, p. 14).

A abrangência da jurisdição constitucional é o exposto por Luís Roberto Barroso citando José Frederico Marques:

> Quando o tribunal exerce suas atribuições judicantes para compor litígio de natureza constitucional, mas diverso do que existe no controle de constitucionalidade das leis, também se configura exercício de jurisdição constitucional. Há, no caso, questione *di costituzionalità*, e não, questione *di legittimità*

a outrem. Inconstitucional será também o ato ou a omissão do administrador público, quando não observar os mandamentos e princípios da boa administração ou não atender aos direitos subjetivos públicos previstos na Carta Constitucional. Inconstitucional será o ato do juiz que desrespeitar no comando do processo, as garantias e prerrogativas dos litigantes. (Ob. cit. p. 14).

> *costituzionale*, como observa Franco Pierandrei. O julgamento constitucional, *in casu*, não é incidental, e sim, *principaliter*, mas sem os traços do judicial *control of legislation*. Em tais casos, o exercício da jurisdição constitucional não implica controle da constitucionalidade de lei ou ato normativo, e sim, em aplicação pura e simples da norma constitucional, para solucionar a lide. (BARROSO, Luis Roberto, 1999, p. 100).

Dessa forma, factível à análise da compatibilização do precedente vinculante com a Constituição da República tendo como normas parâmetros, principalmente, aquelas que proclamam direitos e garantias fundamentais, notadamente a que resguarda o amplo acesso ao Judiciário que, *s.m.j.*, apenas pode sofrer limitação de extração constitucional[15].

Portanto, a ideia de jurisdição constitucional é deveras ampla, mas quanto ao seu processamento existe uma série de limitações, sendo digna de maior atenção os pressupostos da dúvida e da controvérsia.

A primeira, *zweifel* para a doutrina alemã, faz-se presente quando está diante de uma indagação hipotética acerca da conformidade da lei, pois como já disse Gilmar Mendes (2005:117), aquele que duvida da validade do que se apresenta como norma, não nega sua legitimidade *ad aeternum*.

Com efeito, "*A dúvida não pressupõe a convicção sobre a inconstitucionalidade da norma. Afigura-se suficiente, portanto, admitir seriamente a possibilidade de sua configuração. Insuficientes se mostram, porém, tal como ressaltado pela doutrina, indagações de índole meramente teórica.*"[16] (MENDES, Gilmar Ferreira, 2005, pp.

---

15. Exemplo clássico é a revisão do mérito da punição disciplinar de militar (CRFB/88, 142, §2º).

16. "O Poder Judiciário tem competência para julgar disputas atuais que se promovam entre litigantes diversos. O direito de declarar a inconstitucionalidade das leis surge porque uma delas, invocada por uma das partes como fundamento do seu direito, está em conflito com a lei fundamental. Essa faculdade, que é o dever mais

117/18). Acrescenta averbando que duvidar é menos que convicção e mais que hesitar, não pressupondo mais de um portador (2005:118).

A segunda – *meinungsverschiedenheit* no alemão – reclama mais de um portador, os quais dissentem objetivamente. Domina na doutrina o entendimento segundo o qual é prescindível que essa controvérsia seja instaurada e se estenda aos legitimados a propor a ação de controle de constitucionalidade. Ademais, nem mesmo exige-se divergência sobre posições jurídicas ou sobre direitos subjetivos. É dizer: "*Uma controvérsia pode conter uma lide. Nela devem estar presentes, pelo menos, duas posições divergentes, uma que contesta a constitucionalidade da norma, ou pelo menos a coloca em dúvida, e outra que sustenta a sua legitimidade.*" (MENDES, 2005:118).

Em conclusão traz-se a colação os ensinamentos de Luís Roberto Barroso (1999:161):

> Como desdobramento da exigência do "caso" ou "controvérsia" do art. 3º, a jurisprudência da Suprema Corte desenvolveu uma série de limitações quanto a quem pode suscitar a jurisdição constitucional, quando ela deve ser exercida e quais casos podem ser apreciados. No tocante a quem pode demandar invocando uma questão constitucional, a Corte estabeleceu rigorosa aferição da legitimação ativa (*standing*), onde se inclui a verificação da existência de dano efetivo (*injury in fact*) e nexo causal (*causation*). Relativamente à oportunidade, a Suprema Corte desenvolveu as teses da prejudicialidade (*mootness*) – o Tribunal não se pronuncia quando alguma circunstância superveniente,

---

importante e delicado da Corte, não lhe é atribuída como um poder de revisão da obra legislativa, mas porque o direito dos litigantes nas controvérsias de natureza judicial requer que a Corte opte entre a lei fundamental e a outra, elaborada pelo Congresso na suposição de estar em consonância com sua competência constitucional, mas que, na verdade, exorbita do poder conferido ao ramo legislativo do governo. Essa tentativa para conseguir a declaração judicial da validade da lei elaborada pelo Congresso não se apresenta, na hipótese, em um caso ou controvérsia, a cuja apreciação está limitada a jurisdição desta Corte, segundo a lei suprema dos Estados Unidos." Trecho da decisão prolatada pelo *Justice* Day em 1.911, no caso Muskat v. United States citado por Dirley da Cunha Júnior na obra citada à fl. 68.

> de fato ou de direito, torna desnecessária sua manifestação sobre a questão constitucional – e da prematuridade (*ripeness*) – o Tribunal não se pronuncia quando entende que a questão constitucional ainda não se encontra suficientemente amadurecida, por estarem os fatos em andamento ou por haver a possibilidade de que eventos futuros modifiquem sua configuração jurídica. Por fim, quanto às matérias que podem ser objeto de litígio de índole constitucional, a Suprema Corte cuidou de excluir as questões políticas[66] e as questões emanadas de cortes estaduais onde a decisão, sem embargo de haver-se manifestado sobre questão constitucional, assentou-se, também, em fundamento adequado e autônomo de caráter ordinário.

1.2. JUDICIAL *REVIEW*

O movimento denominado constitucionalismo, como já anotado, consubstanciou as Constituições em documentos escritos e passou a exigir um procedimento especial e dificultoso para alteração do Texto Maior que levou a literatura a denominar de rigidez técnica.

Porém, os estudos indicam que a pretensão do movimento não saiu do papel e os próprios poderes públicos não se sujeitavam aos comandos da Constituição emanados, embora seja cediço que fosse outro o intento, assim delineado por Roger Leal:

> (...) formação de um ambiente propício à introdução de mecanismos de fiscalização e controle da regularidade das condutas adotadas pelos destinatários de tal texto. Se a Constituição passa a ter caráter normativo e apenas pode ser contrariada por atos normativos com forma especial – forma constitucional –, os poderes públicos, bem como os demais destinatários das normas constitucionais, têm o dever de observância de tais comandos normativos. (2006:17).

Disso decorre a necessidade de submeter a validade de instrumentos ao controle da constitucionalidade e, por conseguinte, a imposição de sanção por afronta ao texto norteador. Ora, se o contrário fosse descogitaria-se a existência da própria Constituição enquanto norma que se funda em si mesma e, ainda que por vias inversas, incentivadas as condutas que vão de encontro ao texto constitucionalizado.

É imanente a toda Constituição a ideia de que ela é fonte inspiradora e norteadora de todo ordenamento jurídico porquanto se coloca no escalão supremo a toda a norma, ainda que da mesma hierarquia – isso para quem confia que é possível norma constitucional inconstitucional[17] – que se mostre contrária a valores de maior relevo deve ser taxada de inconstitucional.

Todo o mecanismo de controle é entregue após a promulgação das espécies normativas, como regra, ao Poder Judiciário, situação essa que não é vista com bons olhos por Paulo Bonavides que observa nos países que acolhem a clássica separação das funções estatais essa possibilidade navegaria contra a teoria delineada por Montesquieu e,

17. "Esta vinculação jurídica do poder de decisão do legislador constituinte actua num duplo sentido: por um lado, toda e qualquer Constituição encontra uma barreira à sua eficácia em determinados princípios jurídicos intangíveis, que tanto justificam como limitam o acto constituinte ('legitimidade da actuação constituinte'); por outro lado, o acto de nascimento da Constituição, sempre que se não esteja perante uma decisão constituinte puramente revolucionária, tem de observar as regras processuais estabelecidas em leis 'pré-constitucionais' para o acto de legislação constitucional ('legalidade da actuação constituinte)" (p. 31). (...) "Esta obrigatoriedade só existirá, em primeiro lugar, se e na medida em que o legislador tome em conta os 'princípios constitutivos de toda e qualquer ordem jurídica' e, nomeadamente, se deixa guiar pela aspiração à justiça e evite regulamentações arbitrárias. Mas, além disso, só existirá ainda [...] se o legislador atender aos mandamentos cardeais da lei moral, possivelmente diferente segundo o tempo e o lugar, reconhecida pela comunidade jurídica, ou, pelo menos, não os renegar conscientemente" (p. 42/43). (...) A ilegalidade aqui é entendida como a não conformação em relação aos preceitos da Constituição anterior. Segundo Grewe (apud, Bachof, 1994), a legalidade de uma norma da Constituição pode assumir ainda significado quando o processo constituinte for estabelecido por leis pré-constitucionais. Então, a observância a esse processo será condição de validade da Constituição. A afronta a preceitos de leis pré-constitucionais que regem o processo eivam a Constituição de vício." BACHOF, Otto. Normas Constitucionais Inconstitucionais? Trad. José Manuel M. Cardoso da Costa. Ed. Livraria Almedina: Portugal, 1994.

além disso, reduziria o valor da lei porquanto órgãos estatais estariam autorizados a negar aplicação a lei. (BONAVIDES, 1997, p. 268)[18].

Sob este enfoque, o mecanismo de controlar a constitucionalidade teve origem nos Estados Unidos da América cuja Constituição Federal de 17 de setembro de 1787, em seu artigo VI, cláusula 2° chamada de *supremacy clause*:

> Esta Constituição, as leis dos Estados Unidos em sua execução e os tratados celebrados ou que houverem de ser celebrados em nome dos Estados Unidos constituirão o direito supremo do país. Os juízes de todos os Estados dever-lhes-ão obediência, ainda que a Constituição ou as leis de algum Estado disponham em contrário.[19]

Forte na norma ora citada, estruturou-se o sistema *judicial review*.

Não obstante, autores entendem que o controle de constitucionalidade originou-se de construção jurisprudencial norte americana, lembrando sempre o *case Marbury v. Madison* julgado por *Jhon Marshal*[20], doutrina essa que, afirma em razões, a possibilidade

18. BONAVIDES, Paulo. Curso de Direito Constitucional – 7ª edição – São Paulo: Malheiros, 1997, p. 268

19. Estas informações foram extraídas da obra 'Controle de Constitucionalidade: Teoria e prática/Dirley da Cunha Júnior. Salvador: JusPODIVM, 2006, p. 61

20. É o caso de Luis Roberto Pedroso que pontua que Hamilton já havia antecipado a idéia de controle da constitucionalidade: "Veja-se que o controle judicial de constitucionalidade, que é a técnica de atuação da supremacia da Constituição, não se encontrava explícito na Constituição de 1787. De fato, o art. 6º, 2, do Texto, conhecido como supremacy clause, dispunha tão-somente: "Esta Constituição e as leis dos Estados Unidos elaboradas de acordo com ela, bem como os tratados celebrados ou por celebrar sob a autoridade dos Estados Unidos, constituirão a suprema lei do País; os juízes de todos os Estados ficam sujeitos a ela, não devendo prevalecer qualquer disposição em contrário na Constituição de qualquer dos Estados ou nas suas leis". E noutro ponto: "Sem qualquer menção expressa ao escrito de Hamilton, esta foi a linha de entendimento seguida por John Marshall, Presidente (Chief Justice) da Suprema Corte, ao relatar e decidir o caso Marbury vs. Madison, em 1803, ao fundamentar aquela que é, provavelmente, a mais célebre

de os Tribunais reverem os atos contrários à Constituição e deixar de aplicá-los quando contrariá-la, instituindo, dessa forma o que se convencionou chamar *judicial review of legislation.*

A inscrição na Constituição Norte Americana àquela época foi objeto de sérias controvérsias.[21] Sem embargo, à época já eram registradas decisões judiciais em ex-colônias que invalidavam atos legislativos estaduais em função de se afigurarem como transgressores de preceitos Constitucionais, provimentos esses que reforçavam a *judicial review22.*

1.3. A PERCEPÇÃO DE *ALEXANDER HAMILTON*

A doutrina é, praticamente, unânime ao afirmar que foi Hamilton o principal defensor da *judicial review*, cujas razões de controlar os atos do Poder Público e do Legislativo norte-americano foram expostas nos *Federalist*[23] *Papers* nº 78 e 81.

---

decisão judicial de todos os tempos (Ob. cit. p. 150). No mesmo sentido Roger Stiefelman Leal, ob. cit., p. 18 referindo ainda Manoel Gonçalves Ferreira Filho e Christopher Wolfe.

21. Segundo Roger Stiefelman Leal isso ocorria porque estava presente "*na mente dos constituintes daquele país o famoso Dr. Bonham case, em que Sir Edward Coke asseverou de modo eloquente a controlabilidade dos atos do Parlamento inglês. Houve, ademais, durante o período colonial, uma espécie de controle das leis editadas pelas assembleias coloniais pelo Privy Council em Londres, de modo a verificar a sua conformidade com o Direito da Inglaterra.*" (Ob. cit, p. 19).

22. Deve-se consignar que na tramitação do processo constituinte foram apresentadas sugestões alternativas a *judicial review*, valendo mencionar a proposição de James Madison que pregava a instituição de um Conselho de Revisão formado por membros do Judiciário e do Executivo que podiam obstar atos do Legislativo antes que entrassem em vigor. A proposição foi objurgada porque permitia ao Judiciário averiguar a regularidade constitucional dos atos estatais ao que foi acrescido que, se fosse dado tal mister ao Judiciário, os Juízes teriam duas oportunidades para afastar leis aprovadas pelo Congresso. (LEAL, Roger Stiefelman, 2006, p. 20).

23. Segundo LUIS ROBERTO BARROS "O Federalista (no original, The Federalist) reúne um conjunto de ensaios numerados, escritos por Alexander Hamilton, James Madison e John Jay, publicados na imprensa de Nova York durante os debates sobre a ratificação da Constituição aprovada em 1787, pela Convenção de Filadélfia. Tais

De início, ele registrou a necessidade de uma Constituição Limitativa - *limited Constitution* - que reduzisse a margem de discricionariedade do Legislador e, por conseguinte, aos Tribunais seria lícito pronunciar a ilegalidade de todo ato transgressor da Constituição.

Alexander Hamilton, num primeiro plano, observava a Constituição como uma delegação popular[24], ou seja, o ato que delegava os poderes era chamado de Constituição, esta, por sua vez, traz um conjunto de deveres impostos aos seus mandatários (Legislativo e Executivo) e, por isso, era inconcebível que os mandatários fossem juízes dos próprios poderes.

A ideia é de exercer o mister com liberdade como já consignara Montesquieu:

---

textos explicavam o conteúdo da Constituição e defendiam sua ratificação. A adesão do Estado de Nova York era decisiva, e a ela se opunha o Governador do Estado, George Clinton. V. Gerald Gunther, Constitutional law, 1985 (com suplemento de 1988), p. 15." (Ob. cit. p. 150).

24. Quanto a titularidade do poder constituinte, são esclarecedoras as informações de Alexandre de Moraes (2003:54 e 55): "O titular do Poder Constituinte, segundo o abade Emmanuel Sieyès, um dos precursores dessa doutrina, é a nação, pois a titularidade do Poder liga-se à ideia de soberania do Estado, uma vez que mediante o exercício do poder constituinte originário se estabelecerá sua organização fundamental pela Constituição, que é sempre superior aos poderes constituídos, de maneira que toda manifestação dos poderes constituídos somente alcança plena validade se se sujeitar à Carta Magna. (...) Modernamente, porém, é predominante que a titularidade do poder constituinte pertence ao povo, pois o Estado decorre da soberania popular, cujo conceito é mais abrangente do que o de nação. Assim, a vontade constituinte é a vontade do povo, expressa por meio de seus representantes. Celso de Mello, corroborando essa perspectiva, ensina que as Assembleias Constituintes "não titularizam o poder constituinte. São apenas órgãos aos quais se atribui, por delegação popular, o exercício dessa magna prerrogativa". Necessário transcrevermos a observação de Manoel Gonçalves Ferreira Filho, de que "o povo pode ser reconhecido como o titular do Poder Constituinte mas não é jamais quem o exerce. É ele um titular passivo, ao qual se imputa uma vontade constituinte sempre manifestada por uma elite". Assim, distingue-se a titularidade e o exercício do Poder Constituinte, sendo o titular o povo e o exercente aquele que, em nome do povo, cria o Estado, editando a nova Constituição."

> A liberdade política, em um cidadão, é esta tranquilidade de espírito que provém da opinião que cada um tem sobre a sua segurança; e para que se tenha esta liberdade é preciso que o governo seja tal que um cidadão não possa temer outro cidadão. Quando, na mesma pessoa ou no mesmo corpo de magistratura, o poder legislativo está reunido ao poder executivo, não existe liberdade; porque se pode temer que o mesmo monarca ou o mesmo senado crie leis tirânicas para executá-las tiranicamente. Tampouco existe liberdade se o poder de julgar não for separado do poder legislativo e do executivo. Se estivesse unido ao poder legislativo, o poder sobre a vida e a liberdade dos cidadãos seria arbitrário, pois o juiz seria legislador. Se estivesse unido ao poder executivo, o juiz poderia ter a força de um opressor. (p. 75 de O Espírito das Leis).

E ainda acenou que "*Tudo estaria perdido se o mesmo homem, ou o mesmo corpo dós principais, ou dos nobres, ou do povo exercesse os três poderes: o de fazer as leis, o de executar as resoluções públicas e o de julgar os crimes ou as querelas entre os particulares.*" (ibidem).

Ainda vale colacionar:

> ...nenhum ato legislativo em contraste com a Constituição pode ser válido. E como o Legislador não pode ser o juiz constitucional de suas próprias atribuições, nada mais natural e razoável que os juizes e tribunais figurem como corpos intermediários entre o povo e o Legislativo, a fim de assegurar que esse último se contenha dentro dos poderes que lhe foram demarcados. (DA CUNHA JUNIOR, 2006. p. 64).

Em um segundo momento visualiza Hamilton a extrema similaridade entre o controle da constitucionalidade e o poder judicante que significa o dever de fazer valer o preceito legal incidente ao caso concreto. Esclarece o seu entender explicando que sempre que colidirem regras emanadas da autoridade superior e outra expedida por autoridade subordinada, a antinomia é solucionada através da aplicação daquela e, conclui, aqui, apontando a Constituição como lei fundamental à qual os Juízes deverão confiar significado.

Por conseguinte, invocou a peculiar posição do Judiciário na organização do Estado Norte-Americano que sofreu consideráveis influências de 'O Espírito das Leis' de Montesquieu, assentando que os magistrados não têm poder *nem sobre a espada nem sobre a bolsa*, que são controlados, respectivamente, pelo Executivo e Legislativo e é por "*serem inofensivos e, ao mesmo tempo, independentes dos demais poderes, é que Hamilton entende apropriado atribuir-se aos tribunais o controle da constitucionalidade dos atos editados pelos poderes públicos.*" (LEAL, 2006, p. 23).

Às indagações como a que sua posição colocaria o Judiciário numa posição até acima da escolha do povo – leia-se: 'escolha dos parlamentares' – e mesmo substituída a vontade do titular do poder constituinte, não permaneceu silente:

> Mas Alexander Hamilton, no Federalista n. 78, havia antecipado a ideia de controle de constitucionalidade pelo Poder Judiciário, em texto que se tornou clássico: "Alguma perplexidade quanto ao poder dos tribunais de pronunciar a nulidade de atos legislativos contrários à constituição tem surgido, fundada na suposição de que tal doutrina implicaria na superioridade do Judiciário sobre o Legislativo. Afirma-se que a autoridade que pode declara os atos da outra nulos deve ser necessariamente superior àquela cujos atos podem ser declarados nulos. (...) Nenhum ato legislativo contrário à Constituição pode ser válido. (...) A presunção natural, à falta de norma expressa, não pode ser a de que o próprio órgão legislativo seja o juiz de seus poderes e que sua interpretação sobre eles vincula os outros Poderes. (...) É muito mais racional supor que os tribunais é que têm a missão de figura como corpo intermediário entre o povo e o Legislativo, dentre outras razões, para assegurar que este último se contenha dentro dos poderes que lhe foram deferidos. A interpretação das leis é o campo próprio e peculiar dos tribunais. Aos juízes cabe determinar o sentido da Constituição e das leis emanadas do órgão legislativo. Esta conclusão não importa, em nenhuma hipótese, em superioridade do Judiciário sobre o Legislativo. Significa, tão-somente, que o poder do povo é superior a ambos; e que onde a vontade do Legislativo, declarada nas leis que edita,

> situa-se em oposição à vontade do povo, declarada na Constituição, os juízes devem curvar-se à última, e não à primeira". (BAROSO, Luis Roberto, 1999, pp. 149/50).

No que diz com a substituição da vontade do Legislador pela vontade dos Tribunais, Hamilton subscreve a teoria mecanicista-da atividade judicial, nos moldes do pensamento de Montesquieu (LEAL, ob. cit. pp. 23/4), acrescentando que o Judiciário não tem força nem vontade, meramente julgamento e, ainda acresceu, que a possibilidade de expressar vontade ao invés de julgamento também ocorre quando interpreta a própria lei ou resolve um conflito de leis no tempo, confiando, ademais, na possibilidade de *impeachment* dos juízes por mau procedimento como previa a Constituição Norte-Americana da época.

Quanto ao cabimento da declaração de inconstitucionalidade aduziu que somente é possível quando a lei for manifestamente contrária ao texto constitucional, cuja relação de contrariedade deve ser evidente. Dessa forma, preserva-se a separação das funções estatais.

Em suma, no *judicial review* outorga-se o poder de afastar atos normativos que claramente afrontem a Constituição e, inclusive, é possível extrair desta formulação que os casos duvidosos de difícil resolução restariam submetidos ao juízo do próprio Poder Legislativo quanto ao exame da sua constitucionalidade.[25]

Desta forma, países como o Brasil que acolhem a *judicial review* se dá pela direta aplicação de um preceptivo constitucional

25. Tal anotação, torna obrigatória a conclusão com que Carlos Maximiliano conduziu o tema valendo mais uma vez citá-lo: "Os tribunais só declaram a inconstitucionalidade de leis quando esta é evidente, não deixa margem à séria objeção em sentido contrário. Portanto, se entre duas interpretações mais ou menos defensáveis, entre duas correntes de ideias apoiadas por jurisconsultos de valor, o Congresso adotou uma, o seu ato prevalece. A bem da harmonia e do mútuo respeito que devem reinar entre os poderes federais (ou estaduais), o Judiciário só faz uso de sua prerrogativa quando o Congresso viola claramente ou deixa de aplicar o estatuto básico, e não quando opta apenas por determinada interpretação não de todo desarrazoada" (MAXIMILIANO, Carlos, 2005, p. 251).

dando origem à chamada questão constitucional e, ainda, pela verificação da compatibilidade vertical entre a norma e a Constituição[26].

Na linha do precedente que se propõe a analisar, ainda que implementado com autorização legislativa, diferente do que se opera no genuíno *civil law*, não há como deixar de perquirir acerca da correção do sistema e da forma como é operacionalizado, principalmente com a ausência de clareza das nossas *ratio decidendi* e o total prestígio ao direito idealizado pelos tribunais, propondo padronizar decisões em franco descompasso à garantia do acesso amplo, efetivo e tempestivo à ordem jurídica justa.

Por isso, revelando-se insuficiente apenas o formal acesso à justiça, passa-se à análise do franqueio à ordem jurídica justa e as suas derivações.

1.4. ACESSO À JUSTIÇA

Pode-se dizer, desde logo, que a justiça é considerada, por muitos, como a principal virtude (PERELMAN, 1996, p. 7).

Segundo Perelman, citando Eugène Dupréel, a literatura moral e religiosa reconhece no justo o homem integralmente honesto e benfazejo, constituindo justiça o nome comum de todas as formas de mérito e, os clássicos expressariam sua ideia fundamental dizendo que a ciência moral não tem outro objeto senão ensinar o que é justo fazer e ao que é justo renunciar, o que é justo e injusto,

---

26. "Saindo do plano da teoria geral e das considerações metajurídicas, a supremacia constitucional, em nível dogmático e positivo, traduz-se em uma superlegalidade formal e material. A superlegalidade formal identifica a Constituição como a fonte primária da produção normativa, ditando competências e procedimentos para a elaboração dos atos normativos inferiores. E a superlegalidade material subordina o conteúdo de toda a atividade normativa estatal à conformidade com os princípios e regras da Constituição. A inobservância dessas prescrições formais e materiais deflagra um mecanismo de proteção da Constituição, conhecido na sua matriz norte-americana como *judicial review*, e batizado entre nós de "controle de constitucionalidade". (Ob. cit., 1999, p. 148).

de modo que justiça é uma virtude que envolve toda a moralidade (PERELMAN, 1996, p. 07).

Nesse contexto, o art. 5º, XXXV da CRFB/88 assegura que a lei não excluirá da apreciação do Judiciário lesão ou ameaça a direito, obviando a justiça privada e impondo a Estado o dever de conferir prestação jurisdicional idônea, donde deve ressair a proteção jurídica efetiva (SARLET, 2012, p.268).

Contudo, não basta só teorizar, só garantir uma justiça formal. Dito de outro modo, a garantia de acesso não pode ficar apenas no campo da legalidade, mas transpor ao mundo fenomênico, realidade ignorada quando se assegura o acesso formal, mas impõe padrão decisório.

> "De fato, o direito ao acesso efetivo tem sido progressivamente reconhecido como sendo de importância capital entre os novos direitos individuais e sociais, uma vez que a titularidade de direitos é destituída de sentido, na ausência de mecanismos para sua efetiva reivindicação. O acesso à justiça pode, portanto, ser encarado como requisito fundamental – o mais básico dos direitos humanos – de um sistema jurídico moderno e igualitário que pretenda garantir, e não apenas proclamar os direitos de todos."(CAPPELLETTI, Mauro. GARTH, Bryant., 1988, pp. 11/12)[27]

De certo, a atual garantia prevista no art. 5º da CRFB/88 descende do art. 141, §4º da CF/1946[28] e 150, §4º da CF/1967[29],

---

27. CAPPELLETTI, Mauro. GARTH, Bryant. Acesso à Justiça. Tradução de Ellen Gracie Northfleet. Porto Alegre, Fabris, 1988, pp. 11/12

28. Art 141 – A Constituição assegura aos brasileiros e aos estrangeiros residentes no País a inviolabilidade dos direitos concernentes à vida, à liberdade, a segurança individual e à propriedade, nos termos seguintes: (...) § 4º – A lei não poderá excluir da apreciação do Poder Judiciário qualquer lesão de direito individual.

29. Art 150 – A Constituição assegura aos brasileiros e aos estrangeiros residentes no País a inviolabilidade dos direitos concernentes à vida, à liberdade, à segurança e à propriedade, nos termos seguintes: (...) § 4º – A lei não poderá excluir da apreciação do Poder Judiciário qualquer lesão de direito individual.

impondo a análise sob três perspectivas, quais sejam, a amplitude da prestação jurisdicional, bem assim o momento em que pode ser proposta e o respectivo custo financeiro.

1.4.1. Amplitude da prestação jurisdicional

No Brasil, o acesso opera-se da forma mais ampla possível, quer na linha da tutela de direitos individuais, quer seja daqueles transindividuais (CDC, 83 e Lei 7.347/85). Aliás, modernamente passou-se a admitir até o controle de mérito de atos administrativos[30], sem olvidar a possibilidade de efetivação de direitos prestacionais (STF - ADPF 54).

A única exceção constitucional é a revisão de mérito de punição disciplinar de militares (CRFB/88, 142, 2º). Ademais, plenamente factível que as partes encaminhem seus casos à arbitragem, cuja Lei 9.307/96 já teve a constitucionalidade declarada pelo Supremo Tribunal Federal - AgRg SE 5.206[31] - matéria reforçada

30. REPERCUSSÃO GERAL EM RECURSO EXTRAORDINÁRIO. DIREITO ADMINISTRATIVO. CONCURSO PÚBLICO. CONTROLE JUDICIAL DE QUESTÕES E CRITÉRIOS DE CORREÇÃO DE PROVAS. A questão referente à possibilidade de o Poder Judiciário realizar o controle jurisdicional sobre o mérito das questões em concurso público possui relevância social e jurídica, ultrapassando os interesses subjetivos das partes. Repercussão geral reconhecida. (STF: RE 632853 RG, Relator(a): Min. GILMAR MENDES, julgado em 06/10/2011, ACÓRDÃO ELETRÔNICO DJe-044 DIVULG 01-03-2012 PUBLIC 02-03-2012)

31. EMENTA: 1.Sentença estrangeira: laudo arbitral que dirimiu conflito entre duas sociedades comerciais sobre direitos inquestionavelmente disponíveis – a existência e o montante de créditos a título de comissão por representação comercial de empresa brasileira no exterior: compromisso firmado pela requerida que, neste processo, presta anuência ao pedido de homologação: ausência de chancela, na origem, de autoridade judiciária ou órgão público equivalente: homologação negada pelo Presidente do STF, nos termos da jurisprudência da Corte, então dominante: agravo regimental a que se dá provimento, por unanimidade, tendo em vista a edição posterior da L. 9.307, de 23.9.96, que dispõe sobre a arbitragem, para que, homologado o laudo, valha no Brasil como título executivo judicial. 2. Laudo arbitral: homologação: Lei da Arbitragem: controle incidental de constitucionalidade e o papel do STF. *A constitucionalidade da primeira das inovações da Lei da Arbitragem*

pelo CPC/2015 (arts. 3º, § 1º, 189, IV, 260, § 3º, 337, X, §§ 5º e 6º, 359, 485, VII, 1.012, IV, 1.015, III e 1.061).

1.4.2. Momento da prestação jurisdicional

Na linha do tempo, o Poder Judiciário pode ser acionado a qualquer instante, não havendo que se cogitar em esgotamento

– a possibilidade de execução específica de compromisso arbitral – não constitui, na espécie, questão prejudicial da homologação do laudo estrangeiro; a essa interessa apenas, como premissa, a extinção, no direito interno, da homologação judicial do laudo (arts. 18 e 31), e sua consequente dispensa, na origem, como requisito de reconhecimento, no Brasil, de sentença arbitral estrangeira (art. 35). A completa assimilação, no direito interno, da decisão arbitral à decisão judicial, pela nova Lei de Arbitragem, já bastaria, a rigor, para autorizar a homologação, no Brasil, do laudo arbitral estrangeiro, independentemente de sua prévia homologação pela Justiça do país de origem. Ainda que não seja essencial à solução do caso concreto, não pode o Tribunal – dado o seu papel de "guarda da Constituição" – se furtar a enfrentar o problema de constitucionalidade suscitado incidentemente (v.g. MS 20.505, Néri). 3. Lei de Arbitragem (L. 9.307/96): constitucionalidade, em tese, do juízo arbitral; discussão incidental da constitucionalidade de vários dos tópicos da nova lei, especialmente acerca da compatibilidade, ou não, entre a execução judicial específica para a solução de futuros conflitos da cláusula compromissória e a garantia constitucional da universalidade da jurisdição do Poder Judiciário (CF, art. 5º, XXXV). Constitucionalidade declarada pelo plenário, considerando o Tribunal, por maioria de votos, que a manifestação de vontade da parte na cláusula compromissória, quando da celebração do contrato, e a permissão legal dada ao juiz para que substitua a vontade da parte recalcitrante em firmar o compromisso não ofendem o artigo 5º, XXXV, da CF. Votos vencidos, em parte – incluído o do relator – que entendiam inconstitucionais a cláusula compromissória – dada a indeterminação de seu objeto – e a possibilidade de a outra parte, havendo resistência quanto à instituição da arbitragem, recorrer ao Poder Judiciário para compelir a parte recalcitrante a firmar o compromisso, e, consequentemente, declaravam a inconstitucionalidade de dispositivos da Lei 9.307/96 (art. 6º, parág. único; 7º e seus parágrafos e, no art. 41, das novas redações atribuídas ao art. 267, VII e art. 301, inciso IX do C. Pr. Civil; e art. 42), por violação da garantia da universalidade da jurisdição do Poder Judiciário. Constitucionalidade – aí por decisão unânime, dos dispositivos da Lei de Arbitragem que prescrevem a irrecorribilidade (art. 18) e os efeitos de decisão judiciária da sentença arbitral (art. 31). (STF: SE 5206 AgR, Relator(a): Min. Sepúlveda Pertence, Tribunal Pleno, julgado em 12/12/2001, DJ 30-04-2004 PP-00029 Ement vol-02149-06 PP-00958)

da seara administrativa, ressalvada à previsão do art. 217, §1º da CRFB/88.

Contudo, a atual jurisprudência tem caminhado no sentido de esgotar a seara administrativa para revelar interesse processual hábil a acionar o Judiciário. Este foi o entendimento revelado STF/RE- 631240[32] que tratou das ações previdenciárias, cuidando-se

---

32. Ementa: RECURSO EXTRAORDINÁRIO. REPERCUSSÃO GERAL. PRÉVIO REQUERIMENTO ADMINISTRATIVO E INTERESSE EM AGIR. 1. A instituição de condições para o regular exercício do direito de ação é compatível com o art. 5º, XXXV, da Constituição. Para se caracterizar a presença de interesse em agir, é preciso haver necessidade de ir a juízo. 2. A concessão de benefícios previdenciários depende de requerimento do interessado, não se caracterizando ameaça ou lesão a direito antes de sua apreciação e indeferimento pelo INSS, ou se excedido o prazo legal para sua análise. É bem de ver, no entanto, que a exigência de prévio requerimento não se confunde com o exaurimento das vias administrativas. 3. A exigência de prévio requerimento administrativo não deve prevalecer quando o entendimento da Administração for notória e reiteradamente contrário à postulação do segurado. 4. Na hipótese de pretensão de revisão, restabelecimento ou manutenção de benefício anteriormente concedido, considerando que o INSS tem o dever legal de conceder a prestação mais vantajosa possível, o pedido poderá ser formulado diretamente em juízo – salvo se depender da análise de matéria de fato ainda não levada ao conhecimento da Administração –, uma vez que, nesses casos, a conduta do INSS já configura o não acolhimento ao menos tácito da pretensão. 5. Tendo em vista a prolongada oscilação jurisprudencial na matéria, inclusive no Supremo Tribunal Federal, deve-se estabelecer uma fórmula de transição para lidar com as ações em curso, nos termos a seguir expostos. 6. Quanto às ações ajuizadas até a conclusão do presente julgamento (03.09.2014), sem que tenha havido prévio requerimento administrativo nas hipóteses em que exigível, será observado o seguinte: (i) caso a ação tenha sido ajuizada no âmbito de Juizado Itinerante, a ausência de anterior pedido administrativo não deverá implicar a extinção do feito; (ii) caso o INSS já tenha apresentado contestação de mérito, está caracterizado o interesse em agir pela resistência à pretensão; (iii) as demais ações que não se enquadrem nos itens (i) e (ii) ficarão sobrestadas, observando-se a sistemática a seguir. 7. Nas ações sobrestadas, o autor será intimado a dar entrada no pedido administrativo em 30 dias, sob pena de extinção do processo. Comprovada a postulação administrativa, o INSS será intimado a se manifestar acerca do pedido em até 90 dias, prazo dentro do qual a Autarquia deverá colher todas as provas eventualmente necessárias e proferir decisão. Se o pedido for acolhido administrativamente ou não puder ter o seu mérito analisado devido a razões imputáveis ao próprio requerente, extingue-se a ação. Do contrário, estará caracterizado o interesse em agir e o feito deverá prosseguir. 8. Em todos os casos acima – itens (i), (ii) e (iii)

de exigência sem base constitucional e que não observa a força normativa e que, num viés pragmático, caminha num propósito de indicar que o Judiciário não tem dado conta de solver as contendas daqueles que batem em sua porta.

1.4.3. Custo financeiro do acesso ao Judiciário

O acesso não significa gratuidade porque a Constituição Federal exige a comprovação da necessidade (CRFB/88, § 5º, LXXIV), não obstante o olvide ao comando constitucional por parte do CPC/2015, conforme arts. 98 a 102 que prescinde da comprovação da necessidade.

Aqui, não há eiva de inconstitucionalidade a exigência de recolhimento de taxas processuais, não obstante o STF já ter declarado o citado vício quando o cálculo é sem limite sobre o valor dado à causa (STF – Súmula 667).

1.4.4. Adequação da tutela jurisdicional

A tutela deve ser adequada a atingir o fim proposto. Assim, a citada adequação de tutela exige a adoção de técnicas aderentes à

–, tanto a análise administrativa quanto a judicial deverão levar em conta a data do início da ação como data de entrada do requerimento, para todos os efeitos legais. 9. Recurso extraordinário a que se dá parcial provimento, reformando-se o acórdão recorrido para determinar a baixa dos autos ao juiz de primeiro grau, o qual deverá intimar a autora – que alega ser trabalhadora rural informal – a dar entrada no pedido administrativo em 30 dias, sob pena de extinção. Comprovada a postulação administrativa, o INSS será intimado para que, em 90 dias, colha as provas necessárias e profira decisão administrativa, considerando como data de entrada do requerimento a data do início da ação, para todos os efeitos legais. O resultado será comunicado ao juiz, que apreciará a subsistência ou não do interesse em agir. (STF: RE 631240, Relator(a): Min. Roberto Barroso, Tribunal Pleno, julgado em 03/09/2014, Acórdão Eletrônico Repercussão Geral – Mérito DJe-220 divulg 07-11-2014 public 10-11-2014)

situação levada a Juízo, de modo a ser capaz de outorgar unidade teleológica à tutela jurisdicional dos direitos (SARLET, 2012, p. 630).

A tutela jurisdicional adequada determina a previsão de (a) procedimentos com nível de cognição apropriado à tutela vindicada, (b) distribuição adequada do ônus da prova, inclusive com a possibilidade de dinamização (CPC/2015, art. 373, §1º), (c) técnicas antecipatórias idôneas seja frente à urgência e a evidência (CPC/2015, art. 294 e ss), (d) com executividade intrínseca e técnica executiva idônea[33] e (e) *standards* para a valoração probatória pertinente a natureza do direito material debatido (SARLET, 2012, p. 631).

Fato é que no plano infraconstitucional, a Lei 9.494/97 ainda veda a concessão de antecipação de tutela contra a Fazenda Pública de forma manifestamente inconstitucional, embora o STF tenha assentado a constitucionalidade na ADC 4.

No viés da ameaça do direito, a jurisprudência do STF possui três orientações (SARLET, 2012, pp. 631/2): (a) lei que veda a concessão de liminar viola o art. 5º, XXXV da CRFB/88 (MC, ADI 223/DF); (b) lei que veda a concessão de liminar é constitucional quando busca salvaguardar interesse público, até por a antecipação de tutela ser criação legal e não constitucional; (c) a lei restritiva deve ser analisada sob o prisma da razoabilidade.

De certo, a tutela deve ser imperiosamente efetiva.

A efetividade é guiada pela segurança jurídica[34] porque um ordenamento jurídico só é seguro se há confiança na realização do

33. Há quem sustente, sem embargo do entendimento exarado no RE – STF – 466.343 e 349.703, bem assim a Sumula Vinculante 25, a possibilidade de prisão por descumprimento de ordem de Tribunal eis que a medida, utilizada como *ultima ratio*, estará garantindo a efetividade ao direito à tutela jurisdicional sem violar o direito daquele que, por não possuir patrimônio, não pode ser obrigado a cumprir a ordem judicial, nem muito menos punido por não observá-la (SARLET, 2012, p. 636).

34. "O princípio constitucional da segurança jurídica, em seu aspecto objetivo visa resguardar a estabilidade das relações jurídicas e no subjetivo a proteção à con-

direito que se conhece. A efetividade está relacionada ao resultado do processo, de modo que o resultado espelhe o mais possível direito material, propiciando tutela pelo resultado prático equivalente em detrimento da tutela pelo equivalente monetário.

O processo deve ser encarado a partir do direito material e a viabilizar a tutela repressiva e fundamentalmente a tutela preventiva de direitos. Certo é que, "*Onde há um direito existe igualmente direito à sua realização. Um direito é uma posição juridicamente tutelável. É da sua previsão que advém o direito a sua tutela – posto que o fim do direito é a sua própria realização. A previsão de direito pela ordem jurídica outorga desde logo pretensão à sua proteção.*" (SARLET, 2012, p. 638).

---

fiança." (STJ: MS 13.669/DF, Rel. Ministro NAPOLEÃO NUNES MAIA FILHO, TERCEIRA SEÇÃO, julgado em 22/09/2010, DJe 30/09/2010)

2

A TEORIA DOS PRECEDENTES

O sistema jurídico brasileiro passa a respirar ares que o aproxima da família *common law*, em que pese não se excluir a importância do direito positivo que sempre permeou nosso meio.

Referida guinada que se inicia com a Emenda Constitucional 45/2004 – ao permitir que Supremo Tribunal Federal editasse as chamadas súmulas vinculantes – e alcançou a atual normatização do Código de Processo Civil, merece atenção especial diante da garantia constitucional do acesso efetivo à justiça.

Ainda que a defesa do que se tem chamado direito jurisprudencial se baseie, principalmente, em argumentos da duração razoável, isonomia e segurança jurídica e, por outro lado, apresente como crítica central o enrijecimento do sistema jurídico dada idealização de um direito dos tribunais, necessário verificar como um precedente de observância obrigatória, impondo padrão decisório e limitando a liberdade decisória, cumpre missão constitucional em um sistema que tem como garantia fundamental o amplo acesso ao Poder Judiciário.

Nesse propósito, inicialmente, far-se-ão pontuações do sistema anglo-americano.

2.1. SISTEMA ANGLO-AMERICANO DE DIREITO POSITIVO: O DIREITO E A VIA DOS DIREITOS[1]

O corpo do sistema anglo-americano é formulado pela *common law, equity* e *statue law*. A *common law* tem origem no costume e declarado pela jurisprudência; a *equity* é o direito da equidade e, ainda, a *statue law* que é o direito estatutário.

A *common law* deriva de um sistema de princípios e de costumes observados e revestidos de caráter geral, quando vigoram em todas as justiças, ou de caráter especial quando impera em certas regiões.

> Sua prova da jurisprudência pois, ao julgarem os casos concretos, os juízes declaram o direito comum, que lhes é aplicável. Os julgados assim proferidos, registrados nos arquivos da Corte e publicados em coletâneas (*reports*), adquirem a força obrigatória de *regras de precedetes* (*rules if precedents*), para regerem casos futuros; ademais, juízes e juristas deles extraem princípios e regras, que, subsequentemene, ampliam os limites da *common law* e, assim, generalizados, propiciam evolução. (RAO, 2013, p. 146).

Há elementos que diferenciam os sistemas inglês e americano dos demais países do mundo já que naqueles a jurisprudência se transforma em direito normativo e nos demais caráter de elemento interpretativo da lei escrita, funcionando, por regra, como elemento persuasivo.

Referido sistema é alvo de críticas.

> Bentham, sem aludir à equity, já escrevia: a lei nesses dois países (Inglaterra e Estado Unidos) divide-se em duas partes desiguais: uma é chamada lei comum, expressão singular, esta, que designa

1. Os registros feitos neste tópico foram extraídos da seguinte obra: RAO, Vicente. O direito e a vida dos direitos – 7ª edição anotada e atual. Por Ovidio Rocha Barros Sandoval – São Paulo: Editora Revista dos Tribunais, 2013

> uma jurisprudência fundada sobre certa base de legislação mais conjectural do que conhecida, da qual os juízes extraem, sucessivamente, decisões calcadas umas sobre as outras, assim formando as regras jurídicas a serem observadas nos julgamentos posteriores. A outra parte das leis é constituída pelos estatutos, ou leis positivas, votadas, na Inglaterra, pelo Parlamento e, na América, pelo Congresso. A lei comum não é, pois, uma lei escrita, uma lei *in terminis*. Em cada decisão, os juízes declararam proferir um julgamento semelhante ao proferido em outro caso do mesmo gênero. Os juízes não pretendiam julgar por modo abstrato; ao contrário, reputam essa interpretação injuriosa ao seu ofício, dizendo não serem mais do que os interpretes da lei extraída de todas as decisões anteriores. (RAO, 2013, 147).

Desse modo, a *common law* equivaleria ao direito jurisprudencial e não há um direito costumeiro, ou, como prefere outros, a um sistema de costume jurisprudencial.

2.1.1. A jurisprudência

Os juízes romanos publicavam regras e preceitos que propunham observar nas suas atribuições, os quais eram denominados *edicta* ou *lex annua* e, ainda, *lex perpetua*. Distinguiam-se editos dos pretores urbanos dos pretores peregrinos, os quais julgavam litígios entre estrangeiros ou entre estrangeiros e cidadãos romanos, e dos *pretores curues*, os quais possuíam jurisdição nas feiras e mercados. (RAO, 2013, 280).

Questiona-se acerca da possibilidade de editos se constituírem em fonte de direito.

De fato, há dificuldade em identificar a natureza dos editos sob o ponto de vista constitucional como fonte de direito, havendo a conclusão da obra de RAO (2013: 281), citando CORREIA e SCIASCIA, que, em tese, "*o édito de pretor não é fonte do jus civile*", embora "*através das normas processuais, contidas no édito, o pretor vem a ajudar, a suprir, a corrigir o jus civile*". Mesmo em Roma, os magistrados não possuíam poder para constituir o *jus civile*, o qual resulta dos costumes e das leis.

Porém, segundo RAO, os magistrados romanos criaram um direito complementar, supletivo e corretivo, não se podendo negar o caráter de fonte ainda que secundária do direito (2013:281).

A literatura aponta relações entre costumes e jurisprudência (RAO, 2013, 281-2):

(**a**) corrente liderada por SAVIGNY indica o costume como fonte substancial do povo e que ressai da consciência do povo, embora caiba aos juízes, diante das variedades sociais, declarar o direito, sem nada acrescentar ou alterar;

(**b**) a doutrina de LAMBERT indica que a função judiciária exerce papel de criadores em relação aos costumes. A origem do costume se encontra nos julgamentos antigos quando juízes proferem conforme sentimentos de justiça;

(**c**) outro setor liderado por ALLEN indica que a jurisprudência exerceu poderosa influência do costume, de modo que as normas de costumes antecedem as sentenças judiciais.

Surge problema da relação entre jurisprudência e lei, sendo oportuna à observação constante da obra "O direito e a vida dos direitos":

> A doutrina geralmente mais aceita por lógica, é a seguinte: dentro da ordem jurídica contemporânea, a lei surge como fonte direta e imediata do direito, seguindo-se-lhe, tão somente, com caráter mediato e direto, o costume, embora certas legislações também admitam como fonte os princípios gerais do direito. Além dessas, nenhuma outra fonte pode admitir-se, nem mesmo com caráter supletivo. A equidade se exclui, porque não é um direito, e, sim, um atributo do direito. E também se exclui a jurisprudência, isto é, a *auctoritas rerum similiter judicatarum*, porque, por maior que seja a influência dos precedentes judiciais, jamais eles adquirem o valor de uma norma obrigatória e universal, podendo, quando muito, propiciar reformas ou ino-

> vações legislativas, como também pode fazer a ciência jurídica. (RAO, 2013, 282/3).

Questão tormentosa diz com a criação de direitos, notadamente frente à situação de omissão legislativa, realidade defendida através do movimento denominado neoconstitucionalismo, o qual, em suma, amplia os poderes do Judiciário e advoga a possibilidade de decisões com efeitos aditivos[2].

Para RAO, ao juiz incumbe aplicar a lei, não podendo alterar e nem substituir a legislação, devendo recorrer à analogia e aos princípios gerais do direito, de modo que "*a norma assim extraída já se achava subentendida ou admitida nas normas expressas, legislativas, não se podendo qualificar, por isso, como norma jurídica*".

E arremata:

> Mesmo quando, por exceção, a lei confere ao juiz o poder de criar a norma aplicável ao caso concreto, forçoso é considerar-se que semelhante atribuição resulta da lei e, mais, que o preceito criado para cada caso não reveste força de norma geral e obrigatória, pois o mesmo juiz poderá aplicar preceito diverso a casos idênticos e futuros, se assim entender. (RAO, 2013, p. 283).

Nesse viés, faz-se necessário realizar pontuações acerca do que se convenciona *juiz boca da lei* eis que, além de críticas ao ativismo judicial[3], há setor da literatura que afirma, à luz do sistema de precedentes obrigatórios, ter o juiz sido forjado a um mero reprodutor das teses dos Tribunais e que passará a padecer

---

2. Exemplo marcante em nosso meio foi quando o Supremo Tribunal, através de mandados de injunção, normatizou o direito de greve do servidor público O STF chegou a tal conclusão nos mandados de injunção 670, 708 e 712, permitindo, frente à mora legislativa, a aplicação das leis 7.701/1988 e 7.783/1989 para se conferir efetividade ao art. 37, VIII da CRFB/88

3. Apesar das disceptações doutrinárias, ativismo é aqui referido em um viés de atuação proativa, inclusive com a criação de direitos.

da chamada "Síndrome de Abdulla"[4], numa verdadeira restauração da figura acima referida.

2.2. JUIZ BOCA DA LEI - *BOUCH DE LA LOI*

Em período que antecedeu a Revolução Francesa ocorrida a partir de 1789, o Judiciário francês era constituído em classe aristocrática que não possuía compromissos com os valores defendidos pelo referido movimento – *Liberté, Égalité, Fraternité* – e mantinham laços espúrios com a aristocracia feudal, atuando sob as togas. Os cargos de juízes eram comprados e herdados, tornando a magistratura uma propriedade particular e capaz de render frutos (MARINONI, 2016, p. 45)[5].

Em tal contexto, não havia isenção e distanciamento de partes para julgar, de modo que os juízes se negavam a aplicar a legislação ou conferiam interpretação de modo a proteger interesses da aristocracia.

Nesse cenário, ganha destaque a idealização de Montesquieu que bem conhecia os interesses da magistratura e, assim, propugnou pela separação das funções do Parlamento e do Judiciário. Para tanto, "*Tornou-se imprescindível limitar a atividade do Judiciário, subordinando-o de forma rígida ao Parlamento, cujos habitantes deveriam representar os anseios do povo*" (MARINONI, 2016, p. 46).

---

4. "Síndrome de Abdula" explicado através de metáfora pelo conto de Ítalo Calvino: "Pela história, Alá ditava o Corão para Maomé, que por sua vez, ditava para Abdula, o escrivão. Em determinado momento Maomé deixou uma frase interrompida. Instintivamente, o escrivão Abdula sugeriu-lhe a conclusão. Distraído, Maomé aceitou como palavra divina o que dissera Abdula. Esse fato escandalizou o Escrivão, que abandonou o profeta e perdeu a fé. Abdula não era digno de falar em nome de Alá".

5. MARINONI, Luiz Guilherme. Precedentes obrigatórios – 5ª edição – São Paulo: Editora Revista dos Tribunais, 2016, p. 45

Assim, a função judicial não poderia levar à criação de direitos, mas somente declarar o que prevê a regra elaborada pelo Legislativo, ao passo que o Executivo cumpria as decisões judiciais. Surge então a construção do juiz *bouch de la loi.*

Dessa forma, "*Não haverá também liberdade se o poder de julgar não estiver separado do poder legislativo e do poder executivo. Se estivesse ligado ao poder legislativo, o poder sobre a vida e a liberdade dos cidadãos seria arbitrário, pois o juiz seria legislador. Se estivesse ligado ao poder executivo, o juiz poderia ter a força de um opressor.*" (MONTESQUIEU, 1973, p.157)[6].

> Para que pudesse limitar o poder do juiz à declaração da lei, a legislação deveria ser clara e capaz de dar regulação a todas as situações conflitivas. Os Códigos deveriam ser claros, coerentes e completos. O medo do arbítrio judicial, derivada da experiência do *Ancien Régime*, não apenas exigia a separação entre o poder de criar o direito e o poder de julgar, como também orientava a arquitetura legislativa. Além disso, o racionalismo exacerbado, típico da época, fazia acreditar que a tarefa judicial poderia ser a de apenas identificar a norma aplicável para a solução do litígio. (MARINONI, 2016, p. 47).

Fato é que a codificação ou positivação de comandos na lei não esclarece, de forma suficiente, a distinção entre as famílias *common law* e *civil law.*

Não é correto afirmar que *civil law* é marcada exclusivamente pela completude da legislação e que a última segue caminho inverso. Na *common law* também há legislação, mas o que realmente lhes difere "*é o significado que se atribui aos Códigos e à função que o juiz exerce aos considera-los. No Common law, os Códigos não tem a pretensão de fechar os espaços para o juiz pensar*" (MARINONI, 2016, p. 48).

6. MONTESQUIEU, Barão de. Do Espírito das Leis. São Paulo: Abril Cultural, 1973, p. 157.

Assim, apesar de haver produção legislativa, não se exclui a possibilidade de o juiz interpretar, mormente porque defeso pensar que existirá legislação que dissipará todos os problemas sociais.

Oportuno transcrever as pontuações de WINFRIED HASSEMER, na perspectiva do direito alemão:

> ...deveria ser produzido um efeito vinculativo (pelo menos fáctico) pelo direito jurisprudencial. Os princípios de decisão, as diferenciações de problemas, a determinação do teor literal de normas e as instituições, elaborados, modificados e, depois, novamente confirmados pela jurisprudência no curso de uma longa tradição, não têm de ser tidos em consideração (apenas) porque são constantemente seguidos e confirmados de facto, mas (também) porque eles se têm a sí próprios por correctos, isto é, afirmam representarem princípios jurídicos consentidos – também a par ou até contra a norma codificada. (Apud, MARINONI, 1996, p. 47/8).

Destaca-se que na Inglaterra, diferentemente do que se passou na França, os juízes construíram força progressista com a preocupação de proteger o cidadão e empecer abusos do governo, eliminando a jurisdição feudal e outras paralelas (MARINONI, 2016, p. 48).

> Nos Estados Unidos e na Inglaterra, ao contrário, existia um diferente tipo de tradição judicial, na qual os juízes precisaram ser, muitas vezes, uma força progressiva ao lado do indivíduo contra o abuso do poder pelo governante, e tiveram um importante papel na centralização do poder governamental e na destruição do feudalismo. O medo do lawmaking judicial e da interferência judicial na administração não existia. Pelo contrário, o poder dos juízes de dar forma ao desenvolvimento do common law era uma instituição familiar e bem-vinda. Aceitava-se que as cortes possuíam o poder de mandamus (para obrigar funcionários a cumprir seu dever legal) e quo warranto (para questionar a legalidade de um ato cometido por um funcionário público). O judiciário não foi um alvo para a Revolução Americana do mesmo modo como na França. (Merryman, John Henry; Pérez-Perdomo, Rogelio. Op. cit., p. 17). (MARINONI, 2016, p. 49)

A figura do juiz "boca da lei" pode ser justificada nos termos da literatura de Marinoni:

> A Revolução Francesa, porém, procurou criar um direito que fosse capaz de eliminar o passado e as tradições até então herdadas de outros povos, mediante não só o esquecimento do direito francês antigo, como também da negação da autoridade do *ius commune*. O direito comum havia de ser substituído pelo direito nacional e esse tinha que ser claro e completo para não permitir qualquer interferência judicial. Não havia como confiar nos juízes, que até pouco tempo estavam ao lado dos senhores feudais e mantendo forte oposição à centralização do poder. Significa que, além da reeleição do direito comum e da necessidade de instituição de um direito novo, foi imprescindível a subordinação do juiz ao Parlamento. O direito contraria com um grave e insuportável obstáculo caso fosse entregue nas mãos dos magistrados. Ou melhor, havia bom motivo para não dar aos juízes o poder de interpretar as normas traçadas pelos representantes do povo. (MARINONI, 2016, p. 49).

Por conseguinte, ponto a ser destacado é o tratamento conferido em alguns sistemas ao precedente judicial, especificamente daqueles que têm maior influência em nosso meio, quais sejam, o alemão e o *stare decisis* norte americano. Não obstante, outros modelos, como o espanhol[7-8] e o francês[9] [10], perfilham caminho parecido.

7. No 'apartado' 01 do art. 38 e no apartado nº 02 do art. 40 da Lei Orgânica do Tribunal Constitucional espanhol consta expressamente o efeito vinculatório das decisões em jurisdição constitucional, sendo o último reservado a matéria de dissenso jurisprudencial. É também clara a regra do apartado 03 do art. 61 ao preceituar que *"A decisão do Tribunal Constitucional vinculará a todos os poderes públicos e terá plenos efeitos frente a todos."*
"As sentença proferidas em procedimentos de inconstitucionalidade terão valor de coisa julgada, vincularão a todos os Poderes Público e produzirão efeitos gerais desde a data da sua publicação no Boletim Oficial do Estado."
8. "Em todo caso, a jurisprudência dos Tribunais de Justiça que recaia sobre leis, disposições ou atos sujeitos ao Juízo do Tribunal Constitucional deverá entender-se corrigida pela doutrina derivada das sentenças e despachos que resolvam recursos e questões de inconstitucionalidade."

2.3. O MODELO ALEMÃO

A matéria do efeito vinculante das decisões proferidas pelo Tribunal Constitucional Alemão é regulamentada expressamente pelo texto que rege a funcionalidade da Corte Maior[11] daquele país. Não obstante a Constituição só preceituar que a lei é que obriga a todos, é pacífica a obrigatoriedade dos comandos emanados das decisões proferidas em jurisdição constitucional do mais alto Tribunal Alemão.

Afirma-se "*que não há necessidade de habilitação constitucional para que a lei defina os efeitos decorrentes das sentenças do Tribunal Constitucional Federal, não havendo relação de incompatibilidade entre o Texto da Lei Fundamental e o preceito legal.*" (LEAL, 2006, p. 119).

A vinculação alberga os fundamentos da decisão, cujo decidido estende-se aos demais poderes constituídos[12], sendo também ca-

---

9. O efeito obrigatório das decisões do Conselho Constitucional francês é retirado do próprio Texto Constitucional que, além disso, prega a irrecorribilidade de suas decisões. Tal qual os modelos anteriores, os motivos da decisão vinculam os demais órgãos e Tribunais, bem assim não se encontra o Conselho vinculado a uma pretérita decisão. Isso é o que se infere da alínea '2' do art. 62 da Constituição Francesa, respectivamente: *"As decisões do Conselho Constituciona não são suscetíveis de recurso. Impõem-se aos poderes públicos e a todas as autoridades administrativas e jurisdicionais."*

10. O Legislador francês considerará quando da elaboração das novas leis sua conformidade com a jurisprudência firmada, mas não é obrigado a suprimir texto legislativo que esteja em dissonância com decisão do Conselho Constitucional.

11. Preceitua o parágrafo 31, nº 01 que "As decisões do Tribunal Constitucional Federal vincula os órgãos constitucionais da federação e dos estados, assim como todos os órgãos judiciais e autoridades administrativas."

12. Apesar de ter afirmado a vinculação a todos os poderes, segundo Roger Leal (2006:120), "o Tribunal Constitucional Federal, em julgado de 1987, reconheceu expressamente ao Parlamento o direito de, naquele assunto, reintroduzir disciplina legislativa materialmente semelhante àquela declarada inconstitucional, flexibilizando, no caso, a força do efeito vinculante em relação ao legislador. Segundo a Corte, *desapareceria a abertura à mudança das condições de existência e da consciência social*, se o legislador, ficasse submetido, na hipótese, à estrita vinculação

bível a revisão constitucional. Essa obrigatoriedade da *ratio decidendi* tem incidência, também, sobre as declarações de constitucionalidade ou inconstitucionalidade, sendo que na hipótese "*a parte dispositiva da decisão deve ser publicada, pelo Ministro Federal da Justiça, no Diário Oficial Federal.*"[13]

Assim, declarada a inconstitucionalidade todos os integrantes da Federação deverão se conduzir em consonância com o decidido, o mesmo se aplicando em relação à interpretação conforme dada a um texto legal e, ainda, à imperatividade do comando que determina o suprimento da omissão.

No entanto, segundo Hans G. Rupp, o sistema apresenta falha porque, apesar de importar em compulsoriedade normativa dos fundamentos determinantes das sentenças proferidas no exercício da jurisdição constitucional, eventual infração ao seu conteúdo, segundo o autor, não gera qualquer penalidade. A consequência decorrente do não-cumprimento do efeito vinculante resumir-se-ia à provável reproposição da questão perante o Tribunal Constitucional Federal. (LEAL, Roger Stiefelman, 2006, p. 122).

2.4. A PRÁTICA NORTE AMERICANA E A DOUTRINA DO *STARE DECISIS*

Sabido que o controle de constitucionalidade brasileiro tem origem no *judicial review*, com o qual nosso sistema é comparado na literatura.

Cediço que o efeito que se propõe ao controle difuso de constitucionalidade sempre se verificou com mais evidência no sistema austríaco como técnica tendente a abolir as possíveis e costumeiras resistências às decisões proferidas em sede de jurisdição constitu-

---

aos fundamentos da decisão. Assegurou-se, segundo Jutta Limbach, o direito *a uma segunda prova.*"

13. Essa norma está contida no § 31, nº 02 da lei que regulamenta o funcionamento da Suprema Corte.

cional. Além disso, com a expansão da observância imperativa dos motivos determinantes das decisões, buscou-se empecer a difusão de atos eivados de inconstitucionalidade.

Diante da quase inexistente produção legislativa, singularidade do *cammon law*, a técnica do *stare decisis* tem a função de regulamentar as relações sociais frente aos casos concretos e, por isso, não se destinava a controlar constitucionalidade até porque "*sua aplicação em relação ao direito constitucional é de extrema debilidade, na medida em que a jurisprudência estadunidense assume, em virtude da dificuldade de reformar o seu texto constitucional, que os precedentes devem ser frequentemente superados.*" (LEAL, 2006, pp. 127/8).

Sem embargo e apesar de o controle incidental de constitucionalidade ser deferido a qualquer Juízo ou Tribunal, o papel da Suprema Corte na matéria em relevo, assume contornos alarmantes. Isso ocorre porque em função da *stare decisis* a Corte põe em evidência o precedente jurisprudencial.

> A consequência prática disto, de onde o sistema haure a sua funcionalidade, é que, mesmo decidindo um caso concreto, as decisões da *Supreme Court* produzem eficácia *erga omnes*, vinculando a todos. Desse modo, o princípio da *stare decisis* provoca uma verdadeira transformação em pronunciamento com eficácia *erga omnes* daquele que seria uma pura e simples *cognitio incidentalis* de inconstitucionalidade com eficácia limitada ao caso concreto. Isso significa que, como aduz Cappelletti, uma lei norte americana declarada inconstitucional pela Suprema Corte, embora permaneça "*on the books*", é tornada "*a dead law*", uma lei morta. (DA SILVA JUNIOR, 2006, p. 69).

No modelo americano vige o princípio da nulidade e, a declaração de inconstitucionalidade, é apenas a afirmação de uma realidade pré-existente, pois lei inconstitucional é insuscetível de produzir efeito[14]. Malgrado a declaração traga ínsita o efeito *ex tunc*,

14. Não se pode olvidar que a Lei nº 9.868/99 em seu art. 27 admite o efeito limitado da declaração de inconstitucionalidade para resguardar a segurança jurídica.

no sistema difuso norte americano, a declaração de inconstitucionalidade cinge-se às partes em litígio.

Em que se pese essa limitação de efeitos, o sistema tal como concebido nos Estados Unidos, resolve parcialmente essa limitação, em face do princípio *stare decisis* ou da força do precedente que a decisão da *Supreme Court*[15] (DA CUNHA JÚNIOR, 2006, p. 70), sendo certo que essa é uma celeuma a qual não foi emprestado trato devido no direito alienígena.

> Nos estados Unidos, onde nasceu o método do controle difuso da constitucionalidade, o problema foi superado com a adoção da doutrina do *stare decisis,* cuja consequência prática é a de atribuir eficácia *erga omnes* às decisões da Suprema Corte em matéria constitucional. Conforme a autorizada observação de Mauro Capelletti, retratando, no particular, a opinião corrente entre os comparatistas, "mediante o instrumento da *stare decisis*, aquela 'mera não aplicação', limitada ao caso concreto e não vinculatória para outros juízes e para os outros casos, acaba, ao contrário, por agigantar os próprios efeitos, tornando-se, em síntese, uma verdadeira *eliminação*, final e definitiva, válida para sempre e para quaisquer outros casos, da lei inconstitucional: acaba, em suma, por tornar-se uma verdadeira *anulação da*

15. Não se pode olvidar que Rui Barbosa, quem implementou o controle de constitucionalidade em nossa primeira Constituição Republicana foi uma das vozes de elite que mais defendeu a adoção da doutrina em comento. "ante a sentença nulificativa do ato legislativo, imediatamente, perde a sua sanção moral e expira em virtude da lei anterior com que colida. E se o julgamento foi pronunciado pelo mais alto tribunal de recursos, 'a todos cidadãos se estende, imperativo e sem apelo, no tocante aos princípios constitucionais sobre o que versa. Nem a legislação tentará contrariá-lo, porquanto a regra do *stare decisis* exige que todos os tribunais daí em diante o respeitem como *res judicata*; e enquanto a Constituição não sofrer nenhuma reforma, que lhe altere os fundamentos, nenhuma autoridade judiciária, o infringe. O papel dessa autoridade é de suprema vantagem para a ordem constitucional (...) Que ruinosas e destruidoras consequências não resultariam para logo, se ficasse praticamente entendido que os vários poderes julgam e decidem cada qual independentemente a extensão da competência que a Constituição lhe atribui." (ZAVASCKI, Teori Albino, 2001, p. 29).

> *lei*, além disso, com efeito, em geral, retroativo. (ZAVASCKI, 2001, p. 27).

Porém, o efeito vinculante não pode ser lido como sinonímia do *stare decisis*. Enquanto este é limitado ao Poder Judiciário, aquele alcança todos os poderes constituídos.

Além disso,

> ....a natureza do vínculo jurídico entre a natureza firmada e os destinatários do instituto. Não restam dúvidas de que o efeito vinculante impõe liame de caráter obrigatório, paranormativo, aos órgãos e poderes a que se aplica. No caso do *stare decisis*, embora se fale em vinculação dos precedentes (*binding precedents*), aos juízes inferiores se reconhecem mecanismos para sua insubordinada superação (*overruling*). Assim, cabe aos demais órgãos do Poder Judiciário, mediante técnicas decisórias específicas – tais como a superação antecipada (*antecipatory overruling*) ou a suspeição implícita –, desgarrem-se dos precedentes da Suprema Corte e decidirem casos de maneira diversa. (LEAL, 2006, p. 128).

Vale registrar, mais uma vez, as asserções de Zavascki (2001:27):

> A doutrina do *stare decisis* na cultura jurídica dos Estados Unidos simplesmente significa que, uma vez que a Corte de última instância no sistema judiciário federal ou estadual decida um princípio de direito para o caso em julgamento, estabelecendo assim um precedente, a Corte continuará a aderir a este precedente, aplicando-o a casos futuros em que os fatos relevantes sejam substancialmente os mesmos, ainda que as partes não sejam as mesmas. Portanto, 'precedente' é a regra jurídica usada pela corte de última instância no local em que o caso foi decidido, aplicado aos fatos relevantes que criaram a questão de mérito levada perante a Corte para decisão. *Stare decisis* é a política que exige que as Cortes subordinadas à Corte de última instância que estabelece o precedente sigam aquele precedente e 'não mudem uma questão decidida.

Verificada a importância do precedente, cumpre tecer considerações acerca de temas que lhes são afins.

2.5. PRECEDENTES JUDICIAIS

Para tratar da teoria dos precedentes, mostra-se imprescindível distinguir *common law* e *civil law16*:

> Segundo entendimento convencional, o common law, modelo comum aos países de colonização inglesa, trataria as decisões judiciais como o principal elemento irradiador de normas, conferindo-lhes efeitos vinculantes e gerais e atribuindo à lei papel secundário. Neste sistema, a partir das soluções proferidas em cada caso, buscar-se-ia, por indução, formular as regras aplicáveis a situações análogas. O desenvolvimento do direito, por isso, ocorreria na medida em que associações e distinções entre casos ensejassem a aplicação de resultados idênticos ou provocassem a criação de novos precedentes. (...) Já nos ordenamentos de origem românica, caberia à lei a função de protagonizar a manifestação do direito, incumbindo-se às decisões judiciais papel meramente acessório e mediato, como fonte explicitadora e declaradora do significado do ordenamento positivo. Assim, a determinação da solução aplicável a uma demanda específica dar-se-ia pelo mecanismo da subsunção das situações de fato na regra geral legislada, cujo significado seria revelado através da atividade interpretativa. (MELLO, 2008, p. 12).

De conseguinte,

> A grande questão a ser respondida por uma teoria descritiva dos precedentes judiciais é: 'O que vale como precedente judicial?'. Como optamos por uma teoria normativa do precedente, nosso problema é: 'O que deve contar como precedente judicial, para fins de sua aplicação no raciocínio jurídico?'. Ao reformularmos

16. Ainda que de importância inconteste, não constitui objeto deste escrito analisar com profundidade as famílias *common law* e *civil law*.

> a pergunta inicial, abandonamos a perspectiva do observador e adotamos a do participante. Precedentes judiciais são, como enunciados legislativos, textos dotados de autoridade que carecem de interpretação. É trabalho do aplicador do Direito extrair a *ratio decidendi* – o elemento vinculante – do caso a ser utilizado como paradigma. Mas a noção de *ratio decidendi* e os critérios para sua determinação constituem algo ainda fortemente controvertido. Talvez este seja o ponto mais polêmico da teoria e de toda a teoria jurídica produzida no *common Law*. (BUSTAMANTE, 2012, p. 259).

De início, ainda que não se desconheça a boa vontade de solucionar os impasses do nosso meio com a importação de institutos de outros sistemas, manifestamente defeso simplesmente fazer traduções[17] de escritos do direito alienígena e aplicá-los de maneira açodada, realidade, a propósito, subscrita por setor da literatura[18].

Apesar de se apresentar contraproducente, há quem sustente a igualdade entre precedentes e *stare decisis*, indicando serem institutos idênticos. Porém não custa registrar que, Frederick Schauer, por exemplo, considera serem termos diferentes e, aliás, diferencia, precedente vertical e horizontal.

> Comumente, fala-se de stare decisis e precedente como termos quase análogos, tal como defende Neil Duxbury" e aponta para

17. Para ilustrar, a expressão inglesa *adjudication*, em nosso meio seria traduzida por adjudicação, encontrando eco no instituto da constrição de bens ao passo que nos países de língua inglesa indica o poder decisório do Juiz.

18. A expressão italiana *traduttore, traditori* (tradutor, traidor) traduz tal expediente. "A 'teoria geral dos precedentes', por sua vez, é formada pelos institutos que dão vida aos precedentes, ou seja, tentamos demonstrar que respeitar precedentes não se resume a um simplório exercício de 'copiar-colar', mas vai muito além, exigindo conhecimento de técnicas de diferenciação da ratio decidendi do obter dictum. Uma vez identificada a parte da decisão que exerce influência em casos futuros, a ratio, é preciso ainda fazê-la incidir correta e adequadamente, e isso se dá pela ferramenta do distinguishing". (NOGUEIRA, Gustavo Santana. **Stare Decisis et Non Quieta Movere**: a vinculação aos precedentes no direito comparado e brasileiro. Rio de Janeiro: Lúmen Júris, 2010, p. 2-3).

> o outro autor na seguinte passagem: "Na mesma direção trafega a concepção de Melvin Aron Eisenberg". (...) "Contudo, há certa divergência no entendimento defendido por Frederick Schauer, o qual percebe diferenças entre precedente e stare decisis. 'Tecnicamente, a obrigação de uma corte de seguir decisões prévias da mesma corte é referida como sendo stare decisis (...), e o termo mais abrangente precedente é usado para se referir tanto à stare decisis, quanto à obrigação de uma corte inferior de seguir decisões de uma superior'. Desta feita, o autor subscreve dois tipos de precedente: o precedente vertical e o precedente horizontal. No primeiro, trata-se da expectativa de que 'corte inferiores sigam as decisões prévias de cortes superiores dentro de sua jurisdição', sendo 'essa relação de inferior para superior na 'cadeia de comando' comumente entendida como vertical'. Neste, 'a obrigação é tomada entre a corte atual e a mesma cote no passado'. A questão afeta ao precedente horizontal não trata de cortes superiores ou inferiores, mas de uma hierarquia artificial ou imposta do anterior para o posterior. A decisão prévia é superior não porque vem de uma corte superior; mais precisamente, a decisão prévia se torna superior apenas por que é anterior. (ODAHARA, 2010, pp 56/7).

Questão importante na teoria dos precedentes é a identificação da *holding* ou, na Inglaterra, *ratio decidendi,* já que ela, nos julgados normativos, ostenta a natureza de vinculante.

Trata-se de ponto de importância fundamental em nosso meio porque, não obstante a construção de enunciados, quer seja de súmulas vinculantes, quer seja em repetitivos ou ainda na repercussão geral, tais, diante dos longos debates, não conseguem sintetizar as razões determinantes.

A literatura, a propósito, apresenta métodos[19] para identificação da *ratio decidendi*[20], destacando-se o de *Wambaugh*[21] e o método de *Goodhart*[22] (MARINONI, 2016, p. 164).

---

19. MARINONI, Luiz Guilherme. UMA NOVA REALIDADE DIANTE DO PROJETO DE CPC: A RATIO DECIDENDI OU OS FUNDAMENTOS DETERMINANTES DA DECISÃO. Dispo-

Expressão destacada na teoria dos precedentes é a *dicta* ou *obiter dictum* que, traduzido, significa dita para morrer, embora judicialmente importe em um argumento, não obstante persuasivo, sem força vinculante, um argumento lateral.

Não menos importante é o *distinguish* que, segundo a literatura, constitui "*uma técnica, típica do common law, consistente em não se aplicar o precedente quando o caso a ser decidido apresenta uma peculiaridade, que autoriza o afastamento da rule e que a decisão seja tomada independentemente daquela*". (ANDREWS, 2009, p. 17/18)[23].

É oportuno registrar que nos Estados Unidos, utilizam-se certas técnicas que são intermediárias ao *distinguishing* e o *overruling*

---

nível em www.marinoni.adv.br/files_/ARTIGO%20-%20RT%202012.docx, *acessado em 20/06/2016, às 18:26 horas.*

20. Como pontua NEIL MACCORMICK, precedente pode ter uma ou várias *ratio decidendi*, assim como pode não ter nenhuma (2009:106).

21. " O de Wambaugh consiste em formular a proposição, seguida de inversão *a posteriori* do significado de tal proposição e, por fim, verificação de alteração ou não da decisão. Não alterado o resultado do julgamento, ter-se-ia um mero *obiter dictum* e não a *holding*. A crítica a esse método aparece no caso em que existem mais de uma proposição aplicável." (DE OLIVEIRA, Matheus Farinha. (Re)discutindo a teoria dos precedentes na jurisdição constitucional. Muda-se o texto, mas mantém-se o contexto? Disponível www9.unaerp.br/revistas/index.php/paradigma/article/view/481, acessado em 22/06/2016, às 10:56 horas)

22. "Por outro lado, o método de Goodhart é proposta a delimitação da *holding* pelas questões analisadas como fundamentais, passo obrigatório para que se possa chegar na decisão final. Dito de outro modo, a decisão que não for considerada como passo fundamental será considerada mera *obiter dictum*, e, portanto, sem efeito vinculante (*binding efective*). O problema dessa teoria é que muitas vezes o próprio juiz não diz o que considerou fundamental ou não, restando implícito o argumento. Nesta hipótese, considera-se, assim, que os fatos ignorados pelo juiz são presumidamente *obiter dictum*, pois negligenciados com a intenção de afastá-lo do efeito vinculante"(DE OLIVEIRA, Matheus Farinha. (Re)discutindo a teoria dos precedentes na jurisdição constitucional. Muda-se o texto, mas mantém-se o contexto? Disponível www9.unaerp.br/revistas/index.php/paradigma/article/view/481, acessado em 22/06/2016, às 10:56 horas)

23. ANDREWS, Neil. **O moderno processo civil brasileiro**: formas judiciais e alternativas de resolução de conflitos na Inglaterra. Orientação e revisão da tradução de Teresa Arruda Alvim. São Paulo: Revista dos Tribunais, 2009, p. 17-8

e, por meio delas, o tribunal não revoga o precedente, mas também não realiza *distinguishing* propriamente dito, permitindo ver que a solução dada ao caso sob julgamento está em consonância com o resultado a que se chegou no precedente, quais sejam, *technique of signaling*, a *transformation* e a *overriding* (MARINONI, 2016, p. 238)[24].

Na *transformation*, a Corte não realiza o *overrruling*, nem muito menos o *distinguishing* do caso sob julgamento para deixar de aplicar o precedente, mas a transformação ou a reconfiguração do precedente sem revogá-lo. Por outro lado, a *overriding* apenas limita ou restringe a incidência do precedente, aproximando-se, neste sentido, de uma revogação parcial. Já no *overriding* não há propriamente revogação, nem mesmo parcial, do precedente, embora o resultado da decisão com ele tomada não seja compatível com a totalidade do precedente. (MARINONI, 2016, pp. 244/5).

Oportuno pontuar que através da técnica *overruling*, o Tribunal encerra a aplicação do precedente diante de um novo contexto em função de novos julgados, não havendo momento definido para que tal ocorra.

Existe, ainda, em tal contexto, a *anticipatory overruling*:

> As Cortes de Apelação utilizam como fundamentos para a antecipação: i) o desgaste do precedente pelas próprias decisões da Suprema Corte; ii) uma tendência da Suprema Corte que permita concluir que o precedente será revogado; iii) ter a Suprema Corte demonstrado que está a espera de um caso apropriado para realizar o overruling. Esses motivos algumas vezes são associados aos seguintes: i) alteração na composição da Suprema Corte ou mudança do ponte de vista pessoal dos Justices; ii) inconsistência do precedente em relação às decisões anteriores da Corte, a identificar provável equívoco; iii) per-

24. MARINONI, Luiz Guilherme. **Precedentes obrigatórios**. 5ª edição. São Paulo: Revista dos Tribunais, 2016

> cepção de que o precedente não surtiu, em termos práticos, o efeito de que dele se esperava. (MARINONI, 2016, pp. 261/2).

Na *common law*, conforme Marco Félix[25], fala-se ainda no efeito *prospective overruling*, ou seja, a possibilidade de prospecção dos efeitos da decisão, o que pode se dar por meio da *prospective prospective overruling* - quando se posterga - ou na de *pure prospective overruling* – quando não se aplica o precedente ao caso que o está modificando.

Apesar de o Brasil ser associado ao *Civil Law*, tendo como marco o acolhimento do controle difuso de constitucionalidade[26], em cujo sistema há primazia da legislação, recentemente conferiu primazia ao direito jurisprudencial. Impõe frisar que no *Common Law*, por outro lado, há destaque à *ratio decidendi* ou a *holding* que possui um efeito *pamprocessual* e atinge aos juízes que irão aplicar o precedente no futuro e também aos jurisdicionados que terão um molde de conduta a ser seguida, sendo imprescindível a parte do fundamento para que seja possível a extração do precedente e sua correta definição[27].

De qualquer sorte, diz-se que a tese jurídica deve, pois, corresponder fielmente à decisão ou às razões de decidir (*holding*) dos julgados em que se originou o precedente, e não de eventuais argu-

---

25. Marco Felix Jobim – Entendendo a nomenclatura dos precedentes – disponível em http://www.reajdd.com.br/html/ed4-6.pdf, com acesso 25/07/2016

26. "...antes mesmo da Constituição de 1891, o art. 58, §1º, 'a' e 'b' da Constituição Provisória de 1890 (Decreto 510, de 22.6.1890) e o Decreto n. 848, de 11.101890 já estabeleciam regras de controle difuso inspiradas no judicial review do direito norte-americano. Posteriormente, a Lei Federal n. 221, de 20.11.1984, abordou, com clareza, o modelo, nos termos do art. 13, §10: os juízes e tribunais apreciarão a validade das leis e regulamentos e deixarão de aplicar aos casos ocorrentes as leis manifestamente inconstitucionais e os regulamentos manifestamente incompatíveis com as leis ou com a Constituição." (LENZA, Pedra, 2003, p. 85)

27. MELLO, Patrícia Perrone Campos. Precedentes – O desenvolvimento judicial do direito no constitucionalismo contemporâneo. Rio de Janeiro: Renovar, 2008.

mentos laterais (*obiter dictum*) ou do entendimento completamente dissonante de alguns julgadores[28].

Fato é que, à luz das pontuações feitas, mormente com os olhos voltados para o sistema brasileiro, há quem defenda a existência de sistemas mistos – *mixed legal systems* – que contemplariam traços de ambas famílias e, ainda que se intente justificar cada um em sua pureza e com base em suas origens, difícil sustentar a distinção absoluta entre Civil e Common Law[29].

> Örücü diz que existem sistema híbridos, que não se amoldam a nenhuma classificação proposta, também chamados de *mixed jurisdictions* ou terceira família, referindo-se à civil e *comon law* como as duas primeiras, citando como exemplos os sistemas vigentes no Canadá (Quebec), na Argélia e na Holanda, nos quais há, segundo o autor, uma combinação dos direitos romano, francês, germânico e indígeno, e na Itália, que seria um *mix* dos direitos canônico, romano, francês, austríaco, germânico e o *ius commune*. Conclui seu estudo afirmando que é difícil determinar o exato nível de hibridismo em cada sistema jurídico, mas que lhe parece claro que a combinação de diferentes culturas sociais e legais que deu ensejo a um sistema misto (*mixed jurisdictions*). Na sua visão, 'como é agora amplamente reconhecido, não há realmente sistema puro no mundo jurídico e vários graus de hibridismo resultam vários graus, níveis e camadas de cruzamento e entrelaçamento. (NOGUEIRA, 2010, p. 8)[30]

---

28. DE OLIVEIRA, Matheus Farinha. (Re)discutindo a teoria dos precedentes na jurisdição constitucional. Muda-se o texto, mas mantém-se o contexto? Disponível www9.unaerp.br/revistas/index.php/paradigma/article/view/481, acessado em 22/06/2016, às 10:56 horas

29. TARUFFO, Michele. Observações sobre os modelos processuais de Civil Law e de Common Law. Revista de processo. São Paulo: Revista dos Tribunais, abril\junho, 2003.

30. NOGUEIRA, Gustavo Santana. **Stare Decisis et Non Quieta Movere**: a vinculação aos precedentes no direito comparado e brasileiro. Rio de Janeiro: Lúmen Júris, 2010, p. 8

Fixadas tais premissas, bem assim o acolhimento dos precedentes obrigatórios em nosso meio, defeso olvidar que a CRFB/88, além de garantir a isonomia, segurança jurídica e duração razoável do processo (CRFB/88, 5º, *caput* e LXXVIII), também garante o amplo e efetivo acesso ao Judiciário (CRFB/88, 5º, XXXV).

Assim, surge o impasse do precedente obrigatório em um sistema que garante acesso amplo à justiça.

2.5.1. A questão da eficácia dos precedentes

Pautada em diretrizes do sistema *civil law*, tem-se realizada a classificação do precedente quanto à sua obrigatoriedade, observando que a professora Teresa Arruda aponta a existência das modalidades forte, média e fraca (2015:1315).

A obrigatoriedade será forte quando, se não respeitada, abre a possibilidade do cabimento de remédio processual específico. É o caso de se utilizar da reclamação quando olvida decisão dos Tribunais Superiores em recursos repetitivos. Por outro lado, média quando se desrespeita um precedente, em cuja hipótese a parte poderá se acudir de qualquer remédio para fazer valer a decisão desrespeitada. O exemplo dado é quando o Supremo declara a (in) constitucionalidade e tal entendimento é inobservado e, por fim, a fraca é aquela meramente cultural, em cuja hipótese inexiste sanção no sistema e nem meios para se corrigir. Seria a hipótese em que não se observa jurisprudência não unânime, mas majoritária do Tribunal local.

Diz-se, no mesmo contexto, que o precedente pode ser obrigatório, relativamente obrigatório ou apenas persuasivo.

Será absolutamente obrigatório quando vincula o juiz, independente de entender ser certo ou errado. Constitui regra nos países que se filiam a família *common law* e aponta a máxima *stare decisis et non quieta movere*[31]. Em tal modalidade, resolve-se o caso

31. Mantenha a decisão e não mova no que está quieto.

concreto e há uma projeção de efeitos para os demais, como ocorre nas decisões definitivas do Supremo Tribunal Federal em sede de controle concentrado.

Já o precedente relativamente obrigatório resolve o caso em julgamento, mas o próprio tribunal poderá rever o posicionamento desde que supere o ônus da argumentação. É o que se passa com o recurso especial (ATAIDES JUNIOR, 2012)[32].

Por derradeiro, o precedente persuasivo é feito por exclusão, ou seja, não é obrigatório e não é relativamente obrigatório. Em tal viés, o juiz segue o precedente por concordar com ele.

Aqui, possível destacar que um mesmo precedente pode ser obrigatório ou simplesmente persuasivo. Tal realidade ocorre quando, por exemplo, um Tribunal de Justiça ou Regional Federal resolve incidente de demandas repetitivas, pronunciamento que será absolutamente vinculante para os Juízos de primeiro grau, mas que será apenas persuasivo para as instâncias supremas (STJ e STF).

Feitos esses registros, passa-se a trazer as principais críticas ao sistema de precedente vinculante.

2.6. CRÍTICAS AO SISTEMA DE PRECEDENTES OBRIGATÓRIOS

O efeito vinculante da jurisprudência foi instituída em nosso sistema jurídico pela via legislativa, até por nossa tradição ser da *civil law*. Por outro lado, na *common law*, tal instituto é fruto da evolução história da comunidade jurídica, em cuja tradição há marca evidente da flexibilidade da referida vinculação (STRECK, 111).

Há setor da literatura que indica a inviabilidade de lei infraconstitucional impor efeito vinculante à decisão jurisdicional,

32. ATAÍDE JÚNIOR, Jaldemiro Rodrigues de. Precedentes vinculantes e irretroatividade do direito no sistema processual brasileiro: os precedentes dos tribunais superiores e sua eficácia temporal. Curitiba: Juruá, 2012.

tratando-se de expediente que apenas poderia ser autorizado pela Constituição Federal, como se passou com a súmula vinculante tratada pelo art. 103-A da CRFB/88, com redação determinado pela EC 45/2004 (SCARPINELLA, 568) e, ademais, tal sistema vai de encontro ao *civil law*.

Outras críticas[33] dirigidas ao precedente obrigatório dizem com a violação de princípios[34] de estatura constitucional, a exemplo do princípio do devido processo legal, do duplo grau de jurisdição e do amplo acesso à justiça.

No particular do devido processo legal, sustenta-se que se aplica um pronunciamento judicial derivado de um precedente obrigatório, sobre o qual a parte não pode participar e nem trazer argumentos para influir. Poder-se-ia dizer que se trataria de um processo *pro forma* e com resultado previamente definido.

De conseguinte, afirma-se que houve a proclamação da autolimitação do Estado no exercício da própria jurisdição, no sentido de que a promessa de exercê-la será cumprida com as limitações contidas nas demais garantias e exigências, sempre segundo os padrões democráticos da República brasileira. O poder estatal exercido pelo juiz sofre todas as limitações inerentes ao Estado-de-direito democrático, não podendo ele avançar sobre competências de ou-

---

33. Uniformização de Jurisprudência nas Cortes Superiores: Precedentes Obrigatórios em face aos Princípios Constitucionais Processuais – Standardization of case law in the Superior Courts : Precedent Required in the face of Constitutional Principles Procedure – 20 Março 2015 – Juliano Gianechini Fernandes, Pedro Fernandes de Souza Moraes

34. Segundo a doutrina, os princípios exercem três funções primordiais na ordem jurídica, quais sejam: (a) função fundamentadora que se refere ao nascedouro da norma legal, constituindo fundamento do direito positivo e, por conseguinte, conferindo legitimidade ao ato estatal legiferante; (b) função orientadora da interpretação que possui esteio na norma legal, mas no viés interpretativo já que não se interpreta lei que contarie um princípio e, por fim, (c) a função de fonte subsidiária decorre das demais, não podendo com elas entrar em contradição, mas integrando o direito. (ROCHA, José de Albuquerque. **Teoria Geral do Processo.** 10 ed. São Paulo: Atlas, 2009, p. 27-28).

tros juízes e não podendo, ainda quando possuir autorização legal exercer o poder de modo capaz de comprimir as esferas jurídicas dos jurisdicionados além do que a Constituição permite (DINAMARCO, 2009, p. 251)[35].

Segundo Dinamarco, a visão do referido princípio não deve ser limitada à linha de tramitação do processo, explicitado apenas em suas fases processuais, mas em um conceito de um *perfil democrático* do processo, visto que tem a finalidade de promover uma garantia perpetuada na constituição de uma função jurisdicional promovida no sentido não genérico do processo, mas sim em um conceito de democratização da função estatal, o que, nessa linha intelectiva, pode ser comprometido quando do julgamento por intermédio de um precedente obrigatório (DINAMARCO, 2009, p. 252).

Neste contexto, quando o novo Código de Processo Civil determina a instauração de um precedente obrigatório e vinculante, ao invés de um precedente persuasivo, cria-se um método de julgamento engessado, o qual deixa o julgador a mercê da decisão anteriormente prolatada pela corte máxima. Logo, ao afastar o julgador do seu juízo cognitivo pelo fato de que deve seguir um julgamento palpado em outro anteriormente decidido pela Corte Superior competente, o sistema acaba por oferecer "*uma Justiça estandardizada, com produtos iguais produzidos na mesma linha de montagem, tendencialmente robotizada*". (SARLET, TESHEINER, FERNANDES, 2013).

Neste caso, é imperiosa a reflexão de que a questão levada à análise deve ser encarada com a devida atenção do Poder Judiciário, mesmo se tratando de matéria que repetitivamente foi decidida pelos órgãos jurisdicionados. Aliás, como cediço, cada caso possui as suas especificidades.

---

35. DINAMARCO, Cândido Rangel. **Instituições de Direito Processual Civil**, V.1. 6 ed. 2009, São Paulo: Malheiros, p. 251

No viés do devido processo legal, a instauração dos precedentes obrigatórios e sua força vinculativa, a pretensão analisada na instância de piso, com a cômoda aplicação de um precedente, praticamente objeta as vias recursais para alterar o pronunciamento judicial, uma vez que a decisão prolatada não poderá ser desconstituída pelo tribunal de segundo grau, considerando que "*ter direito ao duplo grau de jurisdição significa ter direito a um duplo exame de mérito por dois órgãos distintos do Poder Judiciário*" (SARLET, MARINONI, MITIDIERO, 2013, p. 766).

Na doutrina do precedente, parece claro que a discussão se exaure quando a Corte competente o cria, tal qual se passava nas antigas cortes de *common law* do direito inglês. Porém, o julgado baseado no precedente não pode ser marcado pela ociosidade e exige também debate, mesmo em se tratando do mesmo tema. Dito de outro modo, sua aplicação não pode ser irrefletida.

Assim, segundo os críticos do precedente obrigatório, busca-se eliminar o debate, com negação das qualidades mais caracteristicamente humanas dos operadores do direito, como ponderar e decidir, de inteligência e de vontade, transformando-os em profissionais submissos aos seus superiores, de modo que estaria a "*substituir o precedente persuasivo pelo obrigatório; a razão pela autoridade.*" (SARLET, TESHEINER, FERNANDES, 2013).

Logicamente que não se veda a possibilidade de ingresso de recursos versando sobre as decisões estruturadas e fundamentadas em precedente. Porém, a possibilidade de êxito é sabidamente limitada, observando que as razões recursais ficariam restritas à discussão da identidade ou não da matéria, adequada aplicação do precedente, ficando defeso o ataque aos seus fundamentos, o que acaba por restringir o interesse recursal da parte, mormente à luz das novas regras sucumbenciais (CPC, 85, §§1º e 11).

O tema do acesso à justiça, conquista ímpar do Estado Democrático de Direito, não se restringe a acessar o Judiciário e as vias recursais pertinentes. Dirige-se à garantia de se tutelar de forma adequada, efetiva e tempestiva o direito ameaçado ou lesionado (CRFB/88, 5º, XXXV).

> As promessas e limitações residentes nas diversas garantias constitucionais e interligadas pelo fio condutor que é o devido processo legal têm um só e único objetivo central, que é o acesso à justiça. O processo justo, celebrado com meios adequados e produtor de resultados justos, é o portador de tutela jurisdicional a quem tem razão, negando proteção a quem não a tenha. Nem haveria justificativa para tanta preocupação com o processo, não fora para configura-lo, de aperfeiçoamento, como autêntico instrumento de condução à ordem jurídica justa. Tal é o que se propõe quando se fala em processo civil de resultados. (DINAMARCO, 2009, p. 253).

O efeito da obrigatoriedade e o efeito vinculante, segundo os críticos, ocasiona uma determinada retração do ingresso de ações no Poder Judiciário já que a demanda possui um resultado previamente definido e o juiz não poderá se afastar das diretrizes traçadas pelo Tribunal que editou o precedente, do qual o julgador não poderá se afastar, mesmo que não reflita a compreensão acertada sobre o tema.

A propalada duração razoável do processo se opera com a retração do acesso ao Judiciário, garantia cara que ressai do art. 5º, XXXV da CRFB/88, o que não se revela a forma mais acertada, notadamente quando a própria Constituição Federal garante a proporcionalidade entre número de juízes e a respectiva população (CRFB/88, 93, XIII).

Contudo, rebate Teresa Alvim (2009, p. 16):

> O sistema jurídico-processual, nestas alterações recentes que estão sendo aqui comentadas, manifesta evidente e louvável preferência pelos entendimentos sumulados ou, até mesmo, adotados por jurisprudência dominante (v., por exemplo, art. 103-A, CF (LGL 1988\3) , e arts. 120, parágrafo único, e 518, § 1.º, do CPC (LGL 1973\5) , na redação da Lei 11.276/2006, e art. 557, CPC (LGL1973\5)). Naturalmente, busca-se, com isso, a confluência dos entendimentos jurisprudenciais para um só, que

> seja considerado "ótimo", isto é, o melhor, ou mais aprimorado, dentre os vários modos de solucionar um mesmo problema jurídico. É inegável que, quanto mais intensa a controvérsia jurisprudencial existente acerca de uma questão jurídica, maior também será, proporcionalmente, a quantidade de recursos interpostos pelas partes a respeito do tema.

Há, ainda, setor da literatura que considera o poder vinculante violador da tripartição das funções estatais, eis que o Poder Judiciário estaria a atuar como legislador positivo, atribuindo previsões legais às situações futuras, o que, não se duvida, é função do Poder Legislativo. Como já registrado, a atuação judicial legítima, a teor da própria jurisprudência do STF, é como legislador negativo, controlando a constitucionalidade de leis.

Ainda que os órgãos jurisdicionais inferiores estejam submetidos a uma norma atípica, não produzida pelo Poder Legislativo, não há de se afastar a obediência a uma norma de origem constitucional por detrás disto. Assim, manifestam algumas vozes da doutrina que, apesar de não afastar a discussão da inconstitucionalidade da matéria vinculativa produzida pelo Poder Judiciário, seria mais adequado que os precedentes obrigatórios fossem instituídos também por intermédio de Emenda Constitucional e não por lei infraconstitucional, como o novo Código de Processo Civil.

De outra parte, cumpre lembrar, nesse contexto, que em nosso sistema jurídico, o juiz está primordialmente vinculado à Constituição e as leis, sustentando-se que o sistema engendrado pelo CPC/2015 subverte o sistema, ficando o juiz vinculado primordialmente aos precedentes dos tribunais superiores, cuidando-se de uma marcante mutação constitucional, levada a efeito por lei infraconstitucional.

Ressalte-se que a proposta não é a de precedentes persuasivos, mas de precedentes vinculativos, os quais valerão para o juiz mais do que a lei e a Constituição. Não é verdade que a obrigatoriedade de observância de precedentes vinculativos decorra do princípio da legalidade, pois um sistema de precedentes é exatamente o oposto de um sistema fundado na lei.

Ademais, aponta-se ser inverídica a asserção de que a observância dos precedentes dos tribunais superiores decorra necessariamente de sua função uniformizadora. Esta há de ser exercida na forma da Constituição, e não por sua transformação em órgãos legisladores. (SARLET; TESHEINER; FERNANDES, 2013).

Vale deixar registrado que o instituto com a referida marca de vinculatividade e obrigatoriedade constitui novidade marcante e obsta que o julgador deixe de seguir o entendimento, salvo se demonstrar a existência de distinção no caso em julgamento, à superação do entendimento ou se a matéria não foi analisada sob o enfoque enfrentado, conforme incisos V e VI do art. 489 do CPC.

Há ainda, no que tange à aplicação do precedente ao caso concreto, outra proposição de Nelson Nery Junior e Rosa Maria Nery, tendo por enfoque a Vinculante 05 do STF[36] que estatui ser prescindível defesa técnica em processo administrativo sancionador, hipótese em que os doutrinadores sustentam a possibilidade de se declarar a inconstitucionalidade do verbete.

> A inexistência de defesa técnica no processo administrativo, notadamente no sancionador, que visa a imposição de penalidade, é fato de extrema gravidade que compromete irremediavelmente a garantia constitucional da ampla defesa (CF 5º, LV). Sem defesa por advogado, o servidor não poderá alegar matérias técnicas em seu benefício (v.g., prescrição, inépcia da portaria acusatória etc.), de modo que não terá exercido a sua ampla defesa e a Constituição terá sido desrespeitada. A súmula vinculante STF-V 5, é portanto, inconstitucional. Dada a sua natureza normativa e seu caráter geral, os verbetes as súmulas estão sujeitos ao controle de constitucionalidade. (NERY JUNIOR, 233).

36. NERY JUNIOR, Constituição Federal comentada e legislação extravagante, comentário 76, CF 5º, p. 232

3

COERÊNCIA: O SISTEMA DE DIREITOS À LUZ DO PRECEDENTE

Diante da clássica separação das funções estatais, a ideia de *freios e contrapesos* sempre mereceu papel de destaque e, assim, cada função – leia-se cada poder – deve controlar os excessos do outro, sobressaindo à função jurisdicional já que lhe compete, primeiramente, a tutela dos direitos e garantias fundamentais.

Nesse contexto, a idealização do que se tem chamado direito dos tribunais reclama atenção especial já que, por certo, a verdadeira entrega da prestação jurisdicional não pode ser panfletária e sempre buscar respostas no repositório jurisprudencial, sob pena de, em certa medida, manietar a atuação do juiz.

O enfrentamento do tema precedente judicial não pode, de igual modo, ignorar pontuações filosóficas, notadamente quando se propõe a colocar a decisão num ponto de manifesto destaque em um sistema que é regrado pelas diretrizes fixadas pelo Parlamento – *civil law*.

Pode-se dizer, desde logo, que a decisão judicial, de qualquer Tribunal que provenha, não merece privilégio, já que ele – o privilégio – encobre acertos indefensáveis e antidemocráticos, cuja continuidade interrompe e obsta o progresso da teoria jurídica. O privilégio serviu como causa e consequência da incapacidade do pensamento jurídico. (UNGER, 1996, p. 107)[1].

Defeso ignorar o processo decisório passado e as razões consequencialistas da decisão que se toma no precedente, o que remete à ideia de direto como sistema e da construção de um romance em cadeias, realidade pautada pelo dever de coerência.

Assim, buscando verificar a missão constitucional de um precedente obrigatório, sem ignorar as já referidas técnicas de dinamização, recorrer-se-á às contribuições de Chaim Perelman e Neil Maccormick, conferindo-se enfoque ao desenvolvimento da ciência jurídica e a coerência, sem olvidar o dever do juiz do processo de evolução desse sistema. A propósito, "*a existência de uma instância decisória não acaba com a complexidade do direito, pois novas questões sempre surgirão da elaboração de regras explícitas voltadas a lidar com questões antigas.*" (QUINTAS, 2014).

3.1. A IDEIA DE UM SISTEMA DE DIREITO DE PERELMAN

Para prevenir que surjam novos conflitos, "*é importante que a decisão do juiz forme um precedente ao qual todos se amoldarão no futuro, e que se torne conhecida a regra mediante a qual ele decidiu. Daí nasce uma certa concepção da justiça, como regularidade,*

1. Mesmo que o juiz escolha sensatamente a linha do avanço democrático, descobre mais que frequentemente que a sua deficiência de poder e legitimidade o impede de lidar com as estruturas institucionalizadas de onde a maior parte da desigualdade e exclusão se origina; a fuga de causas ultimas é tratada como santificação; seus benefícios acabam desviados para os segmentos não merecedores de grupos merecedores; sua arrogância e casuísmo ajudam a manter aqueles em situação de desvantagem desorganizados e divididos; efeitos práticos sejam tão íntimos quanto a intervenção corretiva e duvidosa. Acrescenta Mangabeira que, não bastasse, usar o litígio concreto para levar a história para frente pode, com frequência, corrompe o ideal de preocupação com pessoas, bem como o ideal de autogoverno popular ao subordinar problemas de litigantes às aspirações de uma providência togada. (UNGER, 2004, p. 146).

como uniformidade, como tratamento igual de casos essencialmente semelhantes"(PERELMAN, 1996, p. 420).

Em tal particular, a justiça formal garante essa igualdade perante a lei e a imparcialidade dos juízes e assegura a manutenção da ordem social, bem assim torna a prestação jurisdicional previsível, realidade dispare onde se confere ampla liberdade decisória ao juiz[2].

Porém, adverte o filósofo polonês que a imposição de uma decisão com "*força de convicção suficiente*", tal não pode ser iníqua e nem desarrazoada ao meio que deve ser aplicada eis que "*pressão social, acompanhada de eventuais sanções, imporá a regra de direito aos membros do grupo*", razão por que "*em consequência das decisões que se impõem e constituem precedentes, se elaborará, em cada comunidade, um direito distinto das usanças, dos costumes e das práticas religiosas*" (PERELMAN, 1996, p. 421).

Dito de outro modo, não se pode aplicar cegamente uma regra[3].

---

2. Essa agrura é muito bem sintetizada pelo Professor Fábio Quintas: "*Essa visão simplista do processo interpretativo, conquanto possa oferecer alguma paz de espírito para a alma que busca certezas no Estado de Direito, não se sustenta, se feita a partir de uma visão crítica da prática forense, na qual se observa que, todos os dias, os Tribunais divergem entre si ao julgarem a mesma questão jurídica, com base nos mesmos fatos. Nos Tribunais, os órgãos fracionários vivenciam as mesmas agruras. Nas sessões, os magistrados digladiam-se na fixação da melhor solução para o caso concreto.*" Prossegue afirmando que "*A divergência no seio do Direito, portanto, não deve ser reduzida a uma questão de conhecimento jurídico do intérprete ou à sua integridade moral ou à leitura dos fatos, alcançando, sim, a compreensão do que seja o direito posto. Esse é o ponto de partida que deve ser aceito em qualquer abordagem que pretenda para dar sentido à aplicação do direito numa comunidade real e atual.*" (QUINTAS, Fábio Lima. Um ensaio sobre a função da lei no Estado Democrático de Direito: uma reflexão a partir da obra de Neil MacCormick/ Fábio Lima Quintas. – Brasília: IDP, 2014).

3. "...um ser apaixonado por justiça não se contentará em aplicar estrita e cegamente as regras que decorrem de seu sistema normativo; sempre pensará no fundamento arbitrário de seu sistema que não é, e não pode ser, um sistema perfeito. Não esquecerá que, ao lado dos valores reconhecidos por ele, existem outros valores aos quais algumas pessoas se devotam e pelos quais se sacrificam, e que é possível uma revisão de valores. Assim é que, embora pareça ser a justiça a única virtude

É necessário sempre rememorar que a regra será limitada pela introdução de uma ou outra distinção e, quando formar um conjunto considerável, far-se-á imperioso reunir tais regras e adaptá-las às situações novas, completando-as em caso de necessidade, tudo com o propósito de adaptá-las ao contexto social e torná-las socialmente úteis.

O direito como sistema, de que ora se trata, não surge espontaneamente. O direito como sistema, capaz de responder todas as questões, só pode surgir após longa história, durante a qual se desenvolveu grande número de problemas e se elaboraram procedimentos e técnicas de solução (PERELMAN, 1996). Neste ponto, não custa lembrar que o constituinte derivado ao permitir à edição de súmulas vinculantes, condicionou a "*reiteradas decisões sobre matéria constitucional*" (CRFB/88, 103-A), o que remete à exigência do correto amadurecimento e equação da matéria pelo Judiciário[4].

Assim, possível afirmar, desde logo, que um sistema de direito não pode ser estático e nem disseminar práticas estandardizadas. Um sistema formalizado é elaborado de modo a eliminar ambiguidades e controvérsias e, com tal propósito, "*constrói-se uma língua artificial de que se enumerará, de modo exaustivo, todos os signos.*" Por conseguinte, "*Indicar-se-á, igualmente, a maneira de combiná-los para formar expressões corretas. Cada um desses signos, e cada expressão correta formada a partir deles, será unívoco. Apenas essa condição é que se poderá afirmar a validade universal do princípio de identidade*" (PERELMAN, 1996, p. 422).

---

racional, que se opõe à irregularidade dos nossos atos, à arbitrariedade das nossas regras, não se deve esquecer que sua ação mesma é fundamentada em valores arbitrários, irracionais, e que a estes se opõem outros valores aos quais um sentimento de justiça refinado não pode ser totalmente insensível (PERELMAN, 1996, p. 66).

4. Trata-se de exigência que não reflete a edição da vinculante 05 – A falta de defesa técnica por advogado no processo administrativo disciplinar não ofende a Constituição – eis que editada pautada em raros "*precedentes*", quais sejam, RE 434059 Publicação: DJe nº 172 de 12/09/2008, MS 24961 Publicação: DJ de 04/03/2005, RE 244027 AgR Publicação: DJ de 28/05/2002 e AI 207197 AgR Publicação: DJ de 24/03/1998.

A coerência e a previsibilidade, regra que norteia os precedentes obrigatórios, é condição indispensável ao funcionamento desse sistema, eis que, sem observar o princípio de não contradição, é impossível construir um sistema formal utilizável, pois, se entre axiomas e teoremas[5] se encontram proposição e a sua negação, nada garantiria a verdade dos axiomas ou teoremas demonstrados.

Por outro lado, "*o sistema construído poderia não ser completo: poderia conter proposições irresolúveis, das quais não se poderia demonstrar, dentro do sistema, nem a verdade nem a falsidade*". Dessa forma, "*Um sistema formalizado, construído de uma forma tão rígida que impõe a univocidade dos signos, que limita as capacidades de expressão e de demonstração do sistema, é isolado do resto do universo, e não está em interação com os elementos que lhe são exteriores*", condições essas que distinguem um sistema jurídico de um sistema formal (PERELMAN, 1996, p. 423).

Eis aqui ponto de crítica central ao sistema de precedentes "*à brasileira*" já que idealiza um direito que o tribunal diz o que ele é. Ignora-se, em certa medida, a atuação do Parlamento, escritos doutrinários e até a própria história do direito que, em nosso caso, experimenta viragem brusca do *civil law* para o *common law*.

Acrescenta o filosofo polonês:

> Se é verdade que o direito visa ao estabelecimento de uma ordem estável, que garantiria a segurança jurídica, a uniformidade (a igualdade perante a lei) e a previsibilidade, ele nunca pode ser isolado do contexto social no qual se supõe que atue. Com efeito, mesmo que se reconheça o papel específico do direito, a busca da segurança jurídica, a busca de um consenso social não lhe

---

5. Nas expressões corretamente formadas, algumas são axiomas que se constituem em proposições primitivas que são consideradas verdadeiras sem as demonstrar e igualmente regras de dedução que permitirão demonstrar, a partir dos axiomas, teoremas, assim como novos teoremas a partir dos axiomas e dos teoremas já demostrados (PERELMAN, 1996).

> permite desprezar os valores que ele compartilha com a moral e a política, a saber: a justiça e o bem comum ou o interesse geral. (PERELMAN, 1996, pp. 423/4).

E prossegue:

> Por outro lado, e na medida em que é aplicável a pessoas que também são regidas por outros sistemas, tais como um direito estrangeiro ou um direito religioso, ele não poderá desprezar-lhe a incidência. Enfim, o caráter rígido, portanto estático, do sistema não poderia resistir indefinidamente às mudanças, de ordem técnica e cultural, ocorridas na sociedade. Com efeito, se o direito é encarado sob seu aspecto teleológico, ou seja, como um meio visando a um fim que deve ser realizado no seio de uma sociedade em mutação, ele não pode ser indiferente às consequências de sua aplicação. Para adaptar-se a seu papel meio, o direito deverá flexibilizar-se, introduzir em sua estrutura e em sua formação elementos de indeterminação. (PERELMAN, 1996, p. 424)

Dessa forma, o direito não pode ignorar a realidade e, de igual modo, o juiz também não pode afastar-se das exigências do mundo fenomênico a pretexto de manter a ordem.

Ainda que se prestigie a previsibilidade, mesmo em um sistema formal, não constitui exigência fundamental já que elementos indeterminados remeterão a interpretações divergentes e favorecerão o surgimento de conflitos para os quais "*não existe solução objetiva e impessoal*", salvo se se permitir que eles "*se eternizem e se exacerbem, que redundem em violência*" o que imporá, em cada sistema jurídico a existência de órgãos competentes para dirimir. (PERELMAN, 1996, p. 424).

A concessão a tais órgãos servirá tanto para tomar decisões autorizadas, como para a interpretação e a aplicação das regras existentes como para criação de regras novas. Porém, esse poder de decisão poderá ser limitado pelo próprio sistema e, visando evitar arbitrariedades, tais órgãos poderão ser hierarquizados e "*em geral os poderes políticos (o legislativo e o executivo) serão submetidos ao controle de um poder independente, tal como o poder judiciário, e isto a fim de evitar abuso e o desvio de poderes*" (PERELMAN, 1996, p. 424).

A concepção teórica permite compreender a ficção do direito porque "*para chegar a uma solução que lhe pareça mais equitativa, o juiz, porém o mais das vezes o júri, recorrerá à ficção, graças a qual, sem modificar a regra e sem a substituir por outra, chegará ao resultado desejado no caso particular submetido à sua apreciação*" (PERELMAN, 1996, p. 426)[6]. Assim, as peculiaridades do caso analisado, pode ensejar a revisão da regra que incidiria a primeira vista.

Tais formulas de flexibilização e de adaptação aos valores dominantes em dado contexto histórico, manifestam-se, de maneiras variadas, em sistemas diferentes daquele do direito europeu continental[7].

Um direito, por certo, em termos práticos, só é eficaz se usufrui um consenso suficiente do meio a que é aplicável, embora o aplicador não possa ignorar a previsibilidade e nem disseminar práticas estandardizadas:

> Aqueles que são encarregados de dizer o direito em cada caso particular terão de estender ou de restringir o alcance das re-

---

6. "Ainda que o juiz seja obrigado a aplicar a lei, ele dispõe, não obstante, de um conjunto de técnicas próprias do raciocínio jurídico que lhe permitem, o mais das vezes, adaptar as regras ao resultado buscado. A intervenção do juiz possibilita introduzir no sistema considerações relativas à oportunidade, à justiça e ao interesse geral que parecem, numa perspectiva positivista, alheias ao direito. O recurso a noções vagas, tais como a força maior, o estado de necessidade, a ordem pública nacional ou internacional, permitirão aos juízes limitar o alcance das regras reconhecidas a fim de chegar a uma solução satisfatória" (PERELMAN, 1996, p. 426).

7. "*No sistema da common law inglesa, o poder monárquico é que introduzirá, por intermédio da chancery, cortes de equidade para paliar a rigidez de um sistema de direito fundamentado no respeito aos precedentes judiciários (stare decisis).*" Já no direito hebraico, sistema bem diferente, "*em que a legislação foi dada por Deus, de uma vez por todas, e não se podia mais modifica-la, a sutileza dos talmudistas soube adaptar, mercê da interpretação, um direito imutável às circunstâncias instáveis da vida em sociedade*" (PERELMAN, 1996, p. 426).

> gras de modo que se evitem soluções desarrazoadas, chocantes para os usuários, seja porque injustas demais, seja porque mal adaptadas à situação. Para obviar às consequências indesejáveis, cumprirá encontrar soluções que parecem opostas à letra da lei e introduzem um fator de insegurança. É por essa razão que normalmente só se lançará mão disso no caso e nos ramos do direito em que a preocupação com a segurança jurídica perde a prioridade para considerações de outra ordem. Todos os recursos do raciocínio jurídico servirão de amparo para justificar tais desvios. (PERELMAN, 1996, pp. 426/7).

Diante da ausência de consenso suficiente, não só as regras jurídicas, como também as autoridades que as aplicam podem ser contestadas. Técnicas de flexibilização das regras, a exemplo da ponderação, inventadas pelos juristas, visam a tornar suportáveis as disposições jurídicas que, sem elas, arriscam-se a provocar reações violentas contra as autoridades responsáveis. É exatamente por isso que, em dados sistemas jurídicos, no direito penal, promotores são juízes de oportunidade das instaurações de processos, como no caso de opiniões divididas a exemplo do aborto, tema este recentemente enfrentado por nossa Corte Suprema[8].

---

8. Conforme o sitio do STF, a decisão foi tomada nesta terça-feira (29) no julgamento do Habeas Corpus (HC) 124306. De acordo com o voto do ministro Luís Roberto Barroso, que alcançou a maioria, além de não estarem presentes no caso os requisitos que autorizam a prisão cautelar, a criminalização do aborto é incompatível com diversos direitos fundamentais, entre eles os direitos sexuais e reprodutivos e a autonomia da mulher, a integridade física e psíquica da gestante e o princípio da igualdade. Em tal julgamento, foi aprovada a proposição do Ministro Luis Roberto Barroso de não considerar crime o aborto no primeiro trimestre da gestação.
Eis a ementa do caso citado:
Ementa: Direito processual penal. Habeas corpus. Prisão preventiva. Ausência dos requisitos para sua decretação. Inconstitucionalidade da incidência do tipo penal do aborto no caso de interrupção voluntária da gestação no primeiro trimestre. Ordem concedida de ofício. 1. O habeas corpus não é cabível na hipótese. Todavia, é o caso de concessão da ordem de ofício, para o fim de desconstituir a prisão preventiva, com base em duas ordens de fundamentos. 2. Em primeiro lugar, não estão presentes os requisitos que legitimam a prisão cautelar, a saber: risco para a ordem pública, a ordem econômica, a instrução criminal ou a aplicação da lei penal (CPP, art. 312). Os acusados são primários e com bons antecedentes, têm

Fato é que o poder é censurado quando exercido de modo desarrazoado, recebendo qualificativos de abuso, excesso, desvio, iniquo, má fé, abuso de confiança etc., embora o essencial, em um Estado de Direito, não há dúvidas, é o controle judicial que pode censurar o exercício inaceitável.

---

trabalho e residência fixa, têm comparecido aos atos de instrução e cumprirão pena em regime aberto, na hipótese de condenação. 3. Em segundo lugar, é preciso conferir interpretação conforme a Constituição aos próprios arts. 124 a 126 do Código Penal – que tipificam o crime de aborto – para excluir do seu âmbito de incidência a interrupção voluntária da gestação efetivada no primeiro trimestre. A criminalização, nessa hipótese, viola diversos direitos fundamentais da mulher, bem como o princípio da proporcionalidade. 4. A criminalização é incompatível com os seguintes direitos fundamentais: os direitos sexuais e reprodutivos da mulher, que não pode ser obrigada pelo Estado a manter uma gestação indesejada; a autonomia da mulher, que deve conservar o direito de fazer suas escolhas existenciais; a integridade física e psíquica da gestante, que é quem sofre, no seu corpo e no seu psiquismo, os efeitos da gravidez; e a igualdade da mulher, já que homens não engravidam e, portanto, a equiparação plena de gênero depende de se respeitar a vontade da mulher nessa matéria. 5. A tudo isto se acrescenta o impacto da criminalização sobre as mulheres pobres. É que o tratamento como crime, dado pela lei penal brasileira, impede que estas mulheres, que não têm acesso a médicos e clínicas privadas, recorram ao sistema público de saúde para se submeterem aos procedimentos cabíveis. Como consequência, multiplicam-se os casos de automutilação, lesões graves e óbitos. 6. A tipificação penal viola, também, o princípio da proporcionalidade por motivos que se cumulam: (i) ela constitui medida de duvidosa adequação para proteger o bem jurídico que pretende tutelar (vida do nascituro), por não produzir impacto relevante sobre o número de abortos praticados no país, apenas impedindo que sejam feitos de modo seguro, (ii) é possível que o Estado evite a ocorrência de abortos por meios mais eficazes e menos lesivos do que a criminalização, tais como educação sexual, distribuição de contraceptivos e amparo à mulher que deseja ter o filho, mas se encontra em condições adversas; (iii) a medida é desproporcional em sentido estrito, por gerar custos sociais (problemas de saúde pública e mortes) superiores aos seus benefícios. 7. Anote-se, por derradeiro, que praticamente nenhum país democrático e desenvolvido do mundo trata a interrupção da gestação durante o primeiro trimestre como crime, aí incluídos Estados Unidos, Alemanha, Reino Unido, Canadá, França, Itália, Espanha, Portugal, Holanda e Austrália. 8. Deferimento da ordem de ofício, para afastar a prisão preventiva dos pacientes, estendendo-se a decisão aos corréus. (STF: HC 124306, Relator(a): Min. Marco Aurélio, Relator(a) p/ Acórdão: Min. Roberto Barroso, Primeira Turma, julgado em 09/08/2016, PROCESSO ELETRÔNICO DJe-052 DIVULG 16-03-2017 PUBLIC 17-03-2017)

Os juízes, diante da injustiça que pode provocar a aplicação da lei, pode ser levado a suprir referida iniquidade, conforme já ensinou Aristóteles no Livro IV da Ética a Nicômaco[9]. Aliás, deve suprimir as consequências de uma aplicação irrefletida da legislação ou mesmo de atos dotados de normatividade.

Quando, portanto, se estabelece uma regra universal e sobrevém em seguida um caso que escapa a essa regra, é então legítimo – na medida em que a disposição tomada é insuficiente e errônea por causa de seu caráter absoluto - trazer um corretivo para suprir essa insuficiência o que o próprio legislador editaria se lá estivesse e o que teria prescrito na lei se tivesse tido conhecimento do caso em questão.

É exatamente esse dinamismo que confere legitimidade ao direito enquanto sistema já que práticas padronizadas empecem a própria evolução da ciência, razão por que, sem conferir devoção ao neoconstitucionalismo, faz-se necessário analisar a adequação da regra que em princípio solveria o caso concreto.

Contudo, dinamismo não significa ampla liberdade decisória eis que o juiz deve sempre observar o processo decisório passado e analisar as consequências da decisão para o futuro, surgindo, assim, a importância da teoria de Neil Maccormick.

3.2. ARGUMENTAÇÃO JURÍDICA E A COERÊNCIA DE *NEIL MACCORMICK*

Argumentos, em contextos práticos, são utilizados com o propósito de persuadir, almejando atingir público específico com o intento de convencer a fazer algo (MACCORMICK, 2009, pag. 17). Além disso, há a justificação ostensiva perante os fatos confirmados e as normas jurídicas pertinentes, merecendo especial destaque "*o*

9. ARISTÓTELES. Ética a Nicômacos. Trad. Mário da Gama Kury. 4. ed. Brasília: UnB, 2001.

processo de argumentação como processo de justificação" (MACCORMICK, 2009, pp. 18/19).

Nesse contexto de disputas entre cidadãos ou processos instaurados pelas autoridades públicas contra os cidadãos, os juízes se apresentam como solucionadores imparciais da disputa (MACCORMICK, 2009), os quais, segundo corrente de uma proposição básica do direito, devem os juízes "*aplicar normas quando elas forem pertinentes e aplicáveis*" (MACCORMICK, 2009, p. 68), o que indica a necessidade de análise já que o sistema, que se destina a resolver questões, não pode oferecer respostas padronizadas.

Os Tribunais não são instituições autônomas dotadas de legitimidade por sua própria voz, alheios aos anseios sociais, revestidas de poder por seu próprio vigor orgânico, mas por uma comunidade maior da qual deriva sua legitimidade e autoridade como solucionadora de controvérsias (MACCORMICK, 2009). A autoridade dos pronunciamentos judiciais derivam, em primeiro plano, da aceitação de sua autoridade por parte daqueles a quem as sentenças são dirigidas e, em segundo momento, da aceitação de sua autoridade por parte dos encarregados de executar tais sentenças.

Não há dúvidas que a legislação é, por excelência, o processo através do qual são criadas normas válidas de direito, as quais devem ser aplicadas pelos Tribunais[10]. Em tal viés, fazer a justiça de acordo com a lei significa simplesmente julgar de acordo com os princípios da *justa razão* ou a partir deles (MACCORMICK, 2009).

> Os princípios do direito natural são vagos e deixam muitos aspectos sem definição. O legislativo deve necessariamente tornar a lei clara em todos os casos, e deve criar leis em benefício do público na área de indeterminação do direito natural. O poder legislativo é supremo; o dos juízes, é subordinado ou derivado.

---

10. *"Daí, o crucial inter-relacionamento entre as instituições judiciária e legislativa: esta ultima determinando o teor dos deveres da primeira, enquanto a primeira, ao exercer esse dever, não pode deixar de se descobrir definindo a faixa de competência da ultima"* (MACCORMICK, 2009, p. 73).

> Na medida em que os costumes e precedentes funcionam como fontes do direito, eles o fazem em razão de um comando tácito por parte do legislativo. (MACCORMICK, 2009, p. 76).

Assim, necessária é a verificação do precedente como fonte do direito eis que, se toda lei é legislada, a jurisprudência é lei objeto de criação judicial e, como pontua MACCORMICK (2009:77), tal realidade tem efeito específico acerca do uso de precedentes, os quais passam a ser tratados como forma de legislação delegada, estando preparado o cenário para a busca mais ou menos infrutífera da noção fugidia de *ratio decidendi* – a noção de norma de direito, clara, e válida, passível de ser descoberta em cada precedente vinculante. É como se conferido um poder póstumo de legislação delegada aos autores institucionais e, assim, critica o precedente vinculante por, em síntese, não ser elaborado por representantes eleitos pelo povo[11].

Embora a existência de normatização convirja para o campo da segurança jurídica, é fato que elas podem receber interpretações diferentes a depender do interprete, sem olvidar que argumentos de princípios são altamente pertinentes ao direito[12] e com amplas possibilidades interpretativas.

---

11. ... é bom que as decisões judiciais sejam previsíveis e contribuam para a certeza da lei, o que elas são e fazem quando aplicam normas conhecidas e identificadas de acordo com os critérios de reconhecimento geralmente compartilhados e compreendidos; é com que os juízes ocupem o lugar que lhes é designado na ordem constitucional aplicando a lei estabelecida em vez de inventarem novas leis; é bom que o ato de legislar seja confiado a representantes eleitos pelo povo, em vez de ser usurpados por juízes não-eleitos e não-removíveis; a ordem constitucional existente e aceita é um sistema justo e imparcial; e por isso os critérios de reconhecimento de leis que ela institui são critérios bons e justos que deveriam ser observados. (MACCORMICK, 2009, pag. 80).

12. Adverte que *"os juízes devem fazer vigorar todas as normas válidas"*, embora, se houver razões, *"pelos quais os juízes devam respeitar esse dever de fazer vigorar aquelas normas que, dentro do sistema, é seu dever-como juízes fazer vigorar, a justificação por dedução original é somente tão conclusiva quanto essas outras razões de sustentação"* (MACCORMICK, 2009, pp. 82/3).

Em um sistema de direito não codificado, questões de direito e de disputas, surgem e são solucionadas sem referência à lei de qualquer modo já que o precedente judicial funciona como lei válida para esses sistemas e, com frequência, haverá recurso a argumentos dedutivos que apliquem normas derivadas dessa fonte e problemas de interpretação surgem (MACCORMICK, 2009, p. 87).

Porém, há situações em que a solução não pode ser restringida com a aplicação de normas de direito ou mesmo com a escolha de corrente interpretativa entre diferentes versões dessas mesmas normas (MACCORMICK, 2009, p. 87)[13].

Enfrentando o tormentoso tema da justiça no caso concreto e o precedente incidente, mostra-se, oportuna, a transcrição:

> Naturalmente, se a decisão anterior tiver sido por algum motivo significativamente injusta, ou indesejável por alguma outra razão, há pelo menos um ponto passível de discussão: se é melhor perpetuar uma injustiça substantiva para satisfazer a justiça formal no caso em foco ao custo de sacrificar a justiça formal conforme aplicada às partes desse caso e às partes do outro caso. Não há nenhuma resposta simples e fácil para essa questão. (MACCORMICK, 2009, p 95).

Sem embargo de defender a justiça formal, como requisito mínimo para fazer justiça, lembra MACCORMICK que o Tribunal que decide um caso hoje, deveria levar em conta seu dever, ao menos

13. É verdade, e as nações mais felizes são aquelas cujas leis foram criadas a partir do costume de longa data, extraídas de debates em casos específicos, até adquirir a coerência de um costume fixo e conhecido. Pois, com isso, as conveniências e inconveniências delas decorrentes são vistas pela experiência por longo período. De tal modo que aquilo que em alguns casos se tenha considerado conveniente, se em outros casos posteriores se tiver revelado inconveniente, poderá ser abortado ainda em gestação, antes que atinja a maturidade de uma lei. Na legislação promulgada, porém, o legislador deve de imediato contrabalançar as conveniências e inconveniências; e nisso ele pode falar, o que muitas vezes ocorre efetivamente. (MACCORMICK, 2009, p. 74).

dever inicial, de decidir o caso atual em termos compatíveis com decisões anteriores sobre as mesmas questões ou questões semelhantes.

> No mínimo, a justiça formal exige que, exceto por fortes razões, ele não decida o caso atual de uma forma diferente da adotada em suas decisões anteriores e casos semelhantes. Ao decidir esse caso, o tribunal não terá então o dever – de igual importância – de levar em conta o precedente que estará estabelecendo para casos ainda por surgir? O dever que tenho de tratar casos semelhantes de modo semelhante implica que devo decidir o caso de hoje com fundamentos que eu esteja disposto a adotar para a decisão de casos semelhantes no futuro, exatamente quanto implica que hoje eu devo levar em consideração minhas decisões anteriores em casos semelhantes no passado. As duas implicações são implicações de adesão ao princípio da justiça formal; e quem quer que concorde quanto ao dever dos juízes de acatar o princípio da justiça formal está comprometido com essas duas implicações. (MACCORMICK, 2009, p. 96).

De tal asserção decorre a conclusão que, apesar de cada caso possuir a sua especificidade, não existe decisão acertada de forma isolada, o que se constitui em uma forte razão para ter cuidado com a maneira pela qual se decide o caso contemporâneo, mostrando imperioso, frisa-se, observar o processo decisório passado e as razões consequencialistas que advirão da decisão atual (MACCORMICK, 2009, p. 97).

Por isso, a "*resposta justificada à pergunta particular requer uma resposta à pergunta universal*" (MACCORMICK, 2009, p. 104), razão por que, ao tomar decisões referentes a casos particulares, os juízes "*deveriam agir apenas em conformidade com alguma sentença que cubra não apenas o caso particular, mas todos os outros casos possíveis que sejam semelhantes simplesmente porque seriam cobertos pela mesma sentença*" (MACCORMICK, 2009, 106), de modo que a atividade decisória não pode ficar presa exclusivamente ao caso em si.

> (...) a tese aqui defendida é portanto clara e direta. É a de que a noção de justiça formal exige que a justificação de

> decisões em casos individuais seja sempre fundamentada em proposições universais que o juiz esteja disposto a adotar como base para determinar outros casos semelhantes e decidi-los de modo semelhante ao caso atual. (MACCORMICK, 2009, p. 126).

Em tal contexto, sobressai a necessidade de bem delinear a *ratio decidendi*[14], embora trate de uma tarefa sabidamente difícil[15], notadamente porque todo julgador tem pontos de vistas diferentes, diante das suas origens, formação acadêmica, enfim, suas idiossincrasias[16].

---

14. A maioria dos leitores deste livro deve está familiarizada com os problemas inerentes à doutrina de precedentes vinculantes referente à definição e a identificação da *ratio decidendi* de casos. Quando se diz que um precedente tem caráter vinculante, não é cada palavra proferida pelo juiz ou juízes na justificação da decisão que é transubstanciada em lei vinculante – mas somente a fundamentação, a *ratio decidendi*. O problema é que não há uma afirmação de consenso a respeito seja do que é fundamentação, seja como se encontra a fundamentação de qualquer caso determinado. (MACCORMICK, 2009, 105).
15. Já foram destacados, em tal propósito, os métodos de *Wambaugh* e o *Goodhart*. O autor escocês destaca a visão de Arthur Lehman Goodhart, o qual afirma ser possível descobrir a razão de decidir de cada caso através da determinação de fatos materiais tratados pelo juiz, associando-os à decisão e generalizando o todo como uma norma de direito, não esclarecendo, contudo, a hipótese de decisão implícita do Tribunal (MACCORMICK, 2009, pp. 107/8).
16. Existe, portanto, uma possibilidade de que alguns precedentes contenham decisões relativamente claras a respeito de questões do direito definidas de modo bastante acentuado, e que outros contenham decisões implícitas, de clareza relativa semelhante, mas talvez menor. Ainda outros, em razão de discordância judicial ou simples confusão, não contém nenhuma. É somente uma ficção dogmática que esse terceiro grupo tenha algo que se pudesse razoavelmente chegar a chamar de *ratio*; e a verdade é que, em relação a esse tipo de caso, até mesmo a mais rígida doutrina de obrigatoriedade de observância de precedentes não pode na prática obrigar um juiz num caso posterior a fazer mais do que descobrir alguma proposição "explanatória" que seja compatível com a decisão concreta do caso precedente e que também seja pertinente ao caso em pauta. Melhor ainda se sua proposição explanatória encaixar, em certo grau, com pelo menos alguma parte do que foi dito no parecer ou pareceres confusos ou conflitantes apresentados no precedente. (MACCORMICK, 2009, p. 108).

A justiça formal exige, exceto por fortes razões, que o Tribunal não decida um caso atual de forma diferente da adotada em decisões anteriores. Decisão do hoje deve observar o passado e nortear o futuro. Obedecer à justiça formal, na linha de Thomas Reid, é uma escolha entre o racional e o arbitrário (MACCORMICK, 2009, p. 97).

A sociedade está marcada por mudanças, não podendo, por isso mesmo, tentar imobilizar regras, o que bem evidencia a importância, na teoria dos precedentes, do *overruling*. Contudo, sem referência a tal processo decisório que não significa cultuar práticas estandardizadas, a sociedade passa a ser gerida arbitrariamente onde decisão de todas as espécies são tomadas de acordo com a veneta ou o capricho de alguém naquele momento. (MACCORMICK, 2009, p. 98).

De conseguinte, ponto a ser destacado da teoria de Maccormick é o requisito da coerência, em que pese mencionar a argumentação a luz da consequência e da coesão (2009:164). Aliás, para o autor escocês (2009:115), o teste único que se dispõe para aferir afirmações sobre o passado é o da coerência.

Diz-se coerente quando as diversas normas em um sistema jurídico fazem sentido, notadamente quando se compatibiliza com uma mais geral, a qual, se for considerada sólida e sensata, justa e desejável para a condução das relações, merece a qualificação de princípio[17], que explica[18] e justifica[19] todas as normas (MACCORMICK, 2009, p. 197).

---

17. Formula princípios de um sistema jurídico com o qual a pessoa está comprometida envolve uma tentativa de lhe dar coerência em termos de um conjunto de normas gerais que expressam valores justificatórios e explanatórios do sistema. Isso faz com que a pessoa se empenhe tanto no esforço de entender os valores aos quais supostamente deveriam servir a legislação e as normas da jurisprudência conforme a interpretação judiciária de legisladores e juízes, como na imposição daquilo que parece a seus olhos uma base aceitável de valor para as normas. Existe, assim, uma combinação da adoção de valores recebidos com acréscimos, extrapolações ou modificações dos mesmos. (MACCORMICK, 2009, p. 198)

18. "quando estamos em dúvida acerca do correto significado da norma num determinado contexto, uma consulta ao princípio pode nos ajudar a explicar como ela

Nesse propósito, uma teoria de precedentes, por certo, tem a virtude de ditar um sistema uno e previsível, numa tentativa de assegurar coerência de valores dentro do sistema jurídico e, assim, "*o requisito da coerência*" funciona "*como um delimitador do campo dentro do qual tem legitimidade a fixação de jurisprudência*" (MACCORMICK, 2009, p. 199). A coerência visa atender objetivos gerais, providência a ser buscada por quem elabora as normas, razão por que "*explicar princípios é racionalizar as normas*" (MACCORMICK, 2009, p. 203).

Não cabe ao juiz "*decidir como a lei deveria ser e então alterar a vigente. Essa função cabe ao Parlamento*" (MACCORMICK, 2009, p. 206), embora "*havendo um peso contrário à inovação, é preciso que haja boas razões consequencialistas acrescidas ao peso do princípio para fazer com que a balança seja favorável a uma decisão inovadora.*" (MACCORMICK, 2009, p. 208) e, dessa forma, o princípio acaba por abonar decisões justificadas no consequencialismo, permitindo, inclusive, numa linha dworkiniana, chegar decisões que, por regra, caberiam ao legislativo.

De certo modo, a argumentação por analogia funciona como limitador à inovação judicial, ponto a ser destacado em favor de um sistema que cultua precedente e que, dessa forma, não permite decisões imprevisíveis, ainda que motivado por razões de justiça e utilidade de um pronunciamento inovador[20]. Aliás, a inovação de

---

deve ser entendida; também, de modo superficial, é possível explicar por que motivo se considera ser valido aderir à norma." (MACCORMICK, 2009, pp. 197/8).

19. "Se alguma norma *n* for valorizada em si ou como um meio para um fim almejado, demonstrar que uma norma específica pode ser subordinada a ela corresponde a demonstrar que se trata de uma boa norma a seguir" (MACCORMICK, 2009, p. 197).

20. O lorde Reid em Myers v. D.P.P. assim manifestou: "Jamais tive a perspectiva intolerante das funções desta câmara na qualidade de tribunal de recursos. O direito consuetudinário deve evoluir para adequar-se às modificações nas condições econômicas e nos hábitos de pensamento, e não apresentariam obstáculo para mim expressões de opinião emitidas nesta câmara em casos antigos. Há, porém, limites ao que se pode fazer. Se quisermos ampliar o alcance da lei, deverá ser

um sistema jurídico por pronunciamento de juiz seria, em verdade, transferir ao Judiciário função típica do Parlamento, o que pode ser verificado quando se impõe padrão decisório e obriga o juiz a segui-lo.

> Repitamos mais uma vez, os juízes devem de fato fazer justiça, mas "justiça de acordo com a lei". Isso não significa, na verdade não pode significar, que os juízes devam decidir casos exclusivamente de um modo justificável por simples dedução a partir de normas jurídicas de caráter compulsório. Por outro lado, porém, não pode significar que eles sejam deixados a vontade para seguir suas próprias intuições do senso comum e da utilidade da justiça, livres de todas as limitações. A área de alcance de sua liberdade, poder e, na realidade, dever de buscar soluções justificáveis por meio de uma avaliação em termos consequencialistas das necessidades do caso genérico, é limitada pela exigência de que demonstrem algum fundamento jurídico para o que fazem. Os princípios gerais que fornecem essa orientação necessária, por um lado, mas limitação, pelo outro, expressam as razões subjacentes para as normas específicas que existem. O lorde Reid em Myers v. D.P.P. assim manifestou: "Jamais tive a perspectiva intolerante das funções desta câmara na qualidade de tribunal de recursos. O direito consuetudinário deve evoluir para adequar-se às modificações nas condições econômicas e nos hábitos de pensamento, e não apresentariam obstáculo para mim expressões de opinião emitidas nesta câmara em casos antigos. Há, porém, limites ao que

---

pelo desenvolvimento e aplicação de princípios fundamentais. Não podemos introduzir limitações ou condições arbitrárias; isso deve caber à legislação. E, se de fato mudamos a lei, na minha opinião deveríamos fazê-lo somente em casos em que nossa decisão represente alguma finalidade ou certeza. Se desconsideramos as tecnicidades neste caso e procuramos aplicar o princípio e o senso comum, há uma série de outras partes da lei vigente sobre depoimentos de testemunhas auriculares que são suscetíveis de tratamento semelhante, e é provável que venhamos a ter uma quantidade de recursos em casos nos quais as limitações técnicas atuais produzirem um resultado injusto. Parece-me ser contrário ao interesse público gerar incerteza. A única solução satisfatória é através da legislação..." (MACCORMICK, 2009, pp. 213/14).

> se pode fazer. Se quisermos ampliar o alcance da lei, deverá ser pelo desenvolvimento e aplicação de princípios fundamentais. Não podemos introduzir limitações ou condições arbitrárias; isso deve caber à legislação. E, se de fato mudamos a lei, na minha opinião deveríamos fazê-lo somente em casos em que nossa decisão represente alguma finalidade ou certeza. Se desconsideramos as tecnicidades neste caso e procuramos aplicar o princípio e o senso comum, há uma série de outras partes da lei vigente sobre depoimentos de testemunhas auriculares que são suscetíveis de tratamento semelhante, e é provável que venhamos a ter uma quantidade de recursos em casos nos quais as limitações técnicas atuais produzirem um resultado injusto. Parece-me ser contrário ao interesse público gerar incerteza. A única solução satisfatória é através da legislação... (MACCORMICK, 2009, pp. 215/16).

Da análise do referido filósofo escocês, observa-se que a justificação da decisão passa pela avaliação das consequências que podem advir do pronunciamento judicial, tarefa que cabe ao Judiciário e não ao Parlamento.

> Na medida em que tenham sido apresentados ou possam ser sugeridos bons argumentos consequencialistas que justifiquem a deliberação anterior nos termos da lei, esses argumentos podem ser apresentados para justificar uma deliberação semelhante para o caso atual parcialmente semelhante e, de fato, para qualquer caso que pertença a essa nova categoria. É natural, porém, que haja contra-argumentos baseados em consequências adversas decorrentes da consideração dos fatos materiais diferenciadores. É desse modo que a argumentação por analogia ampara decisões judiciais inovadoras, sem ter caráter compulsório. Essa explicação indica por que nenhuma linha de distinção nítida pode ser traçada entre a argumentação a partir de princípios legais e a argumentação a partir de analogias. As analogias só fazem sentido se houver razões de princípios subjacente a elas. (MACCORMICK, 2009, p.241).

Em suma: conclusões nesse contexto passam por avaliações que não podem ser confundidas como escolhas autoritárias, até porque o juiz não pode inovar nos casos em que expectativas ou direitos adquiridos restarem prejudicados. Assim, "*coesão e a coerência existentes entre normas jurídicas afins em áreas semelhantes do direito constituem em si um importante valor legal, sendo de fato um aspecto da justiça*" realidade que se propaga a uma teoria de precedentes que deve ter a virtude "*de tratar casos semelhantes de modo semelhante de evitar a diferenciação arbitrária de casos.*" (MACCORMICK, 2009, p. 232).

Imperioso, contudo, advertir "*Se estivermos presos a uma norma incontestável de caráter compulsório que nos pareça desvantajosa ou injusta, há maior racionalidade na rejeição a estendê-la que em sua extensão*" (MACCORMICK, 2009, p. 233), como forma, aliás, de fomentar o desenvolvimento jurídico ou a evolução do direito. Eis o dinamismo já destacado na teoria perelmaniana.

Deve ser destacado na argumentação por analogia que permeia os precedentes judiciais um incentivo a condutas coerentes e, desse modo, o uso daquele modo argumentativo deve ser encarado como justificação pertinente[21]. A argumentação por analogia é uma marca da jurisprudência eis que deriva do acumulo de decisões que gradualmente estendem a aplicação concreta de um princípio de um caso para outro análogo (MACCORMICK, 2009, 250).

Apesar da valorização do processo decisório e da argumentação por analogia, não se exclui a possibilidade de afastar – *distin-*

21. "...a argumentação justificatória do juiz não envolve uma argumentação a partir de analogia. Se quisermos empregar os termos com alguma precisão, devemos distinguira direta aplicação de normas cuja aplicação seja compulsória de ocasiões em que uma lei escrita ou precedente que estipule uma norma clara para um conjunto de fatos operativos seja citada como justificação para uma decisão que estabeleça que uma consequência normativa semelhante ou idêntica deva se seguir a um conjunto semelhante de fatos operativos. O primeiro caso, o caso de aplicação direta, envolve em termos expressos ou implícitos o uso de argumentação por dedução como justificação suficiente e conclusiva. O segundo caso, não" (MACCORMICK, 2009, p. 238)

guishing - decisão semelhante do caso passado, reclamando "*boa argumentação avaliatória para a decisão proferida, pelo menos o valor da coerência, na ausência de quaisquer considerações contrárias, e preferivelmente algo mais...*" e, além disso, "*alguma razão geral pela qual argumentações por analogia ou a partir de princípios legais devam ser entendidas como propiciadoras de amparo legal para decisões novas, no sentido de serem condições necessárias de sua permissibilidade*" (MACCORMICK, 2009, pp. 242/3) [22].

Situação desejável é a que confere ao juiz o poder de estender o alcance da lei a situações que não possuem regência direta e imediata, mas que, ao mesmo tempo, limite esse poder. Assim se faz imperioso porque o amplo debate que ocorre no Parlamento, após discussões políticas dos representantes do povo, não pode ser substituída pela criação de normas judiciais, ainda que ao fundamento de analogia e princípios extraíveis da lei vigente já que se promove, via Judiciário, decisão arbitrária pautada no senso comum.

Fato que a função judicial não pode ser guiada por preferenciais pessoais, até pela indelegabilidade da missão estatal de entregar a prestação jurisdicional e elaborar normas para reger casos[23].

---

22. Uma razão geral dessas não é difícil encontrar. Grandes questões de política legislativa deveriam ser do interesse da legislatura política, especialmente em sociedades democráticas. Os juízes deveriam abster-se de tomar partido em questão de real ou potencial controvérsia política. Por outro lado, a lei conforme administrada nos tribunais deveria exibir a coerência de princípios e não ser uma "selva de exemplos isolados"; e, na medida em que uma sociedade tenha, ou em que se acredite ou perceba que tem, certos valores compartilhados, a despeito de diferenças político-partidárias e preferências pessoais, esses valores do senso comum deveriam se concretizar em suas leis. Esses princípios potencialmente conflitantes podem ser mantidas em equilíbrio pela sustentação do princípio de que a distinção e a separação deveriam ser mantidas entre as funções e os poderes legislativo e o judiciário, não nos termos excessivamente simplificados de que os legisladores fazem as leis e os juízes apenas julgam com base nessas leis, mas em termos de que a necessária função legisladora do judiciário, necessária no interesse da coesão e da busca de valores de senso comum, deveria ser sujeita a restrições definíveis. (MACCORMICK, 2009, pp. 243/4).

23. Aliás, apenas para registrar, o decisionismo judicial, marcado pelo subjetivismo, é bem demonstrado quando juízes dão resposta ao caso que se lhe apresenta

Ademais, analisadas as funções de analogia[24] e dos princípios, concluir-se-á que a função "*é a de impor limites ao poder judiciário na criação de novas leis para que eles não invadam a área mais ampla da legislação reservada para o legislador ou a legislatura em termos constitucionais*" (MACCORMICK, 2009, p. 249).

Tal realidade aponta e confere ânimo à doutrina da separação dos poderes e demonstram limites aos poderes judiciais na inovação jurídica (MACCORMICK, 2009, 245) e, assim, argumentos a partir de analogias e de princípios tem função exclusiva de demonstrar a permissibilidade de decisões proposta e tornar o sistema previsível, não de torna-las obrigatórias (MACCORMICK, 2009, p. 245).

Portanto, a imposição de padrão decisório a pretexto de segurança, isonomia, argumentação via analogia ou observância de princípios tem a função apenas de persuasão, não podendo, ainda que se louve aqueles postulados, obrigar quem quer que seja a segui-la ou mesmo de sugerir que a decisão judicial tem importância mais destacada do que as normas elaboradas pelo Parlamento[25].

---

conjugando verbo na primeira pessoa do singular. Trata-se de realidade rotineira bem demonstrada através do "defiro" ou "julgo".

24. "Essas observações apontam para a conclusão de que a suficiência da analogia depende da existência de semelhança entre os fatos do novo caso e os fatos operativos de princípios, ou normas, enunciados em termos razoavelmente específicos engastados em precedentes ou em leis promulgadas. Admite-se que esse não é um teste exato, mas é um teste real e importante. A proximidade da analogia, nesse sentido, é de fato um requisito do direito, embora, dentro da faixa de analogias suficientemente próximas, graus de proximidade não sejam em si decisivos para favorecer um lado ou o outro mas precisem ser testados por meio de argumentos consequencialistas favoráveis e contrários à deliberações concorrentes no direito." (MACCORMICK, 2009, p. 250).

25. Essa anotação refere ao sistema de precedente, não se questionando opção do constituinte de impor efeito vinculante às decisões tomadas em controle de constitucionalidade pelo Supremo Tribunal Federal.

Sem embargo, coerência e argumentos por analogia possuem papel destacado em um sistema jurídico, auxiliando "*a formar alguma compreensão dos limites do que é considerado legítimo na criação de lei por parte do judiciário*" (MACCORMICK, 2009, p. 252)[26].

26. Os dois juntos ajudam-nos a formar alguma compreensão dos limites do que é considerado legítimo na criação de lei por parte do judiciário. Seria, porém, desvantajoso e enganoso levar por demais a sério noções metafóricas do peso, ainda menos do peso relativo, de princípio vistos isoladamente ou em concorrência entre si. É a interação de argumentos a partir de princípios e de argumentos consequencialistas que justifica plenamente as em casos exemplares – e mesmo nesse caso ainda precisamos levar em conta a importante questão da coesão mencionada anteriormente. Pode-se demonstrar que uma deliberação no direito está amparada por princípios e é desejável em suas consequências. Mesmo assim, deve-se provar que ela não entra em conflito com normas do direito já estabelecidas e de caráter compulsório. (MACCORMICK, 2009, pp. 252/3).

4

PRESTAÇÃO JURISDICIONAL NO VIÉS DO PRECEDENTE OBRIGATÓRIO

A função primitiva do Judiciário é o resguardo de direitos e garantias fundamentais e, para valer de expressão da Juíza Norte Americana Margaret Marshall, citada por Michaell J. Sandel[1], a "*obrigação* - dos juízes - *é definir a liberdade de todos, e não impor o próprio código moral*".

Sem ingressar na discussão dworkiniana acerca da utilização de fundamentos morais[2], até por não ser tema em análise, urge

1. Justiça – O que é fazer a coisa certa – tradução de Heloise Matias e Maria Alice Máximo – 17ª edição - Rio de Janeiro, Civilização Brasileira, 2015

2. Conforme observado pelo professor Fábio Quintas, apesar de a lei ser o primeiro fator delimitador da liberdade decisória, não se ignora que a moral também navega nesse sentido: "A primeira limitação ao arbítrio situa-se no próprio texto legal. Embora demandem interpretação, esses textos são um ponto de partida no processo decisório. Nesse contexto, tem-se que a falta de perfeita determinação do texto revela também uma determinação relativa proporcionada por ele, que serve como ponto de partida comum a diversas pessoas, em contraste com a radical indeterminação interpessoal da pura argumentação moral (MACCORMICK, 2009, p. 266-267). Um sistema jurídico que prestigie a esfera da autonomia moral do agente concebe a justiça como um limite implícito à atuação das autoridades. Apesar de o juiz (e o legislador) estar sujeito à tentação de impor determinadas obrigações morais à comunidade (sua visão particular do que seja certo ou errado), deve lhe ser exigido que restrinja sua atuação a determinar a observância dos deveres de

trazer argumentos direcionados ao precedente obrigatório. De igual modo, não se perquire acerca de colisão, ponderação de direitos e garantias fundamentais eis que o norte do estudo é a coerência e a construção de sistema jurídico.

Em um viés neoconstitucionalista, afirma-se que o reconhecimento da força normativa à Constituição, a expansão da jurisdição constitucional e o desenvolvimento de uma nova dogmática pós-positivista de interpretação constitucional alojam a CRFB/88 para o centro do sistema jurídico fazendo com que ela passasse a ter um papel imprescindível na interpretação de todos os demais ramos do direito, dando origem ao fenômeno da filtragem constitucional ou constitucionalização do direito. Tal modelo consiste em uma leitura da ordem jurídica sob a lente da Constituição, de modo a realizar os valores nela consagrados, fazendo-se, inclusive, uma releitura à luz do Texto Maior[3].

Com efeito, o verdadeiro papel da democracia, na qual o Judiciário ocupa papel de evidente destaque, não consiste em simplesmente fazer a vontade da maioria. Também se expressa num viés contramajoritário, ou seja, na defesa dos interesses das minorias como via a concretizar ideais democráticos e republicanos, exercendo os juízes papéis distintos e aparentemente contrapostos.

O primeiro papel, na teoria constitucional, é chamado de contramajoritário. Nele, em nome da Constituição, da proteção das regras do jogo democrático e dos direitos fundamentais, cabe a atribuição de declarar a inconstitucionalidade de leis, aprovadas pela maioria da Casa de Leis, e de atos do Poder Executivo, eleito pela maioria absoluta dos cidadãos. Contudo, agentes públicos não eleitos, como juízes, podem sobrepor a sua razão à dos tradicionais

justiça, que, como virtude dos agentes morais, consiste em cumprir as obrigações estabelecidas em favor de outras pessoas (independentemente da motivação40), não mais nem menos (MACCORMICK, 2009, p. 266-267)." (QUINTAS, 2004).

3. NOVELINO, Marcelo. Direito Constitucional – São Paulo: Método, 2008, pp. 73/4

representantes da política majoritária, advindo o termo contramajoritário.

Por outro lado, menos debatido na teoria constitucional, é o papel representativo que indica o atendimento, pelo Tribunal, de demandas sociais e de anseios políticos que não foram satisfeitos a tempo e a hora pelo Congresso Nacional.

Contudo, faz-se necessário pontuar que, há algum tempo, a jurisprudência do Supremo Tribunal Federal objeta a atuação do Judiciário como legislador positivo[4], observação que se faz neces-

---

4. EMENTA Agravo regimental no recurso extraordinário com agravo. Tributário. Sistema BACENJUD. Adesão ao programa de parcelamento. Liberação da penhora. Necessidade de reexame da causa à luz da legislação infraconstitucional. Impossibilidade de atuação do judiciário como legislador positivo. 1. Para superar o entendimento do Tribunal de origem e acolher a alegação de que é possível a liberação da penhora diante do parcelamento do débito tributário, seria necessário o reexame da causa à luz da legislação infraconstitucional pertinente (Lei nº 11.941/09 e Código Tributário Nacional). Assim, a alegada ofensa ao texto constitucional seria, caso ocorresse, apenas indireta ou reflexa, o que é insuficiente para amparar o recurso extraordinário. 2. Impossibilidade de o Poder Judiciário atuar como legislador positivo para estabelecer extensão de benefícios não prevista em lei. 3. Agravo regimental não provido, com imposição de multa de 2% (art. 1.021, § 4º, do CPC). 4. Não se aplica ao caso dos autos a majoração dos honorários prevista no art. 85, § 11, do novo Código de Processo Civil, uma vez que não houve o arbitramento de honorários sucumbenciais em favor do recorrido pela Corte de origem. (STF: ARE 1050339 AgR, Relator(a): Min. DIAS TOFFOLI, Segunda Turma, julgado em 21/08/2017, PROCESSO ELETRÔNICO DJe-200 DIVULG 04-09-2017 PUBLIC 05-09-2017)
Ementa: DIREITO TRIBUTÁRIO. SIMPLES NACIONAL. ALÍQUOTA DIFERENCIADA PARA O ISS. ALEGADA OFENSA AOS PRINCÍPIOS DA ISONOMIA E DA CAPACIDADE CONTRIBUTIVA. INEXISTÊNCIA. CRITÉRIO DECORRENTE DA OPÇÃO VOLUNTÁRIA AO REGIME SIMPLIFICADO. IMPOSSIBILIDADE DE MESCLAR PARTES DE REGIMES TRIBUTÁRIOS DISTINTOS. VEDAÇÃO AO PODER JUDICIÁRIO DE ATUAR COMO LEGISLADOR POSITIVO. 1. Conforme se depreende da sistemática do Simples, a fixação de alíquotas diferenciadas para o ISS decorre do próprio regime unificado dos tributos federais, estaduais e municipais, cuja regra matriz tem assento no texto da Carta, notadamente nos arts. 146, III, d, e 179, caput. 2. A opção pelo Simples Nacional é facultativa, devendo o contribuinte sopesar a conveniência da sua adesão a esse regime tributário, decidindo qual alternativa lhe é mais favorável. 3. A ofensa à isonomia tributária ocorreria se admitida a mescla das partes mais favoráveis de um e outro regime, de molde a criar um regime mais conveniente ou vantajoso.

sária porque levada às últimas consequências no precedente, como defende setor da literatura, os tribunais estariam a fixar regras, normatizar comportamentos humanos etc, o que parece não ser função judicial.

A propósito, a atuação legislativa constitui função típica do Parlamento, a qual, na teoria dos freios e contrapesos, é balanceada através do controle de constitucionalidade, em que o Judiciário atua como legislador negativo.

Contudo, virtude do precedente obrigatório é afastar o panfletário livre convencimento, tornando a prestação jurisdicional minimamente previsível com a explicitação de regras[5].

4.1. LIBERDADE DECISÓRIA E A PRESTAÇÃO JURISDICIONAL ADEQUADA

Já observou MARCCOMICK que uma sociedade é gerida arbitrariamente quando decisões de todas as espécies são tomadas de acordo com a veneta ou o capricho de alguém naquele momento, sem referência a processos decisórios passados ou futuro (2009:98).

Aqui reside função altamente positiva em um sistema que cultua precedente já que torna pronunciamentos judiciais previsí-

---

4. Inaplicável o art. 85, §11, do CPC/2015, uma vez que não é cabível condenação em honorários advocatícios (art. 25 da Lei nº 12.016/2009 e Súmula 512/STF). 5. Agravo interno a que se nega provimento, com aplicação da multa prevista no art. 1.021, §4º, do CPC/2015, em caso de unanimidade da decisão. (STF: RE 1009816 AgR, Relator(a): Min. ROBERTO BARROSO, Primeira Turma, julgado em 26/05/2017, PROCESSO ELETRÔNICO DJe-124 DIVULG 09-06-2017 PUBLIC 12-06-2017)

5. Por seu turno, a esfera da imposição de regras (heteronomia) hoje deve estar circunscrita ao direito, em que é possível ter a pretensão da objetividade interpessoal das decisões jurídicas em vista do seu elevado grau de institucionalização. Numa sociedade complexa e diferenciada, formada por indivíduos portadores de direitos, não é possível pressupor que as regras sociais possam se pautar preponderantemente por regras implícitas (apesar de essas regras existirem e cumprirem importante papel na normatividade do direito). Daí a importância do direito para explicitar regras e definir autoridades. (QUINTAS, 2014).

veis, em que pese tal modelo se constitui em mais um sistema de constrangimento[6] principalmente ao juiz que deve observar as construções do Parlamento e, agora, também do próprio Judiciário.

Com efeito, antes do atual CPC, a jurisprudência – na acepção genuína do termo –, a pretexto da livre convicção, era monótona ao afirmar que o Juiz não estava obrigado a responder todas as questões suscitadas, modo de entender que, ao que se percebe, persistirá após o CPC/2015[7].

Contudo, sob influxo do art. 93, IX da CRFB/88, foram traçadas as diretrizes do art. 489 do atual CPC[8], o qual tem fomentado as mais diversas disceptações.

---

6. A expressão é aqui utilizada no sentido de lembrar que, por exemplo, a via de limitação do Supremo Tribunal Federal é a Constituição Federal (CRFB/88, art. 102).
7. "O julgador não está obrigado a responder a todas as questões suscitadas pelas partes, quando já tenha encontrado motivo suficiente para proferir a decisão. A prescrição trazida pelo art. 489 do CPC/2015 veio confirmar a jurisprudência já sedimentada pelo Colendo Superior Tribunal de Justiça, sendo dever do julgador apenas enfrentar as questões capazes de infirmar a conclusão adotada na decisão recorrida. (STJ: EDcl no MS 21.315/DF, Rel. Ministra DIVA MALERBI (DESEMBARGADORA CONVOCADA TRF 3ª REGIÃO), PRIMEIRA SEÇÃO, julgado em 08/06/2016, DJe 15/06/2016)
8. Art. 489. São elementos essenciais da sentença: I – o relatório, que conterá os nomes das partes, a identificação do caso, com a suma do pedido e da contestação, e o registro das principais ocorrências havidas no andamento do processo; II – os fundamentos, em que o juiz analisará as questões de fato e de direito; III – o dispositivo, em que o juiz resolverá as questões principais que as partes lhe submeterem. § 1º Não se considera fundamentada qualquer decisão judicial, seja ela interlocutória, sentença ou acórdão, que: I – se limitar à indicação, à reprodução ou à paráfrase de ato normativo, sem explicar sua relação com a causa ou a questão decidida; II – empregar conceitos jurídicos indeterminados, sem explicar o motivo concreto de sua incidência no caso; III – invocar motivos que se prestariam a justificar qualquer outra decisão; IV – não enfrentar todos os argumentos deduzidos no processo capazes de, em tese, infirmar a conclusão adotada pelo julgador; V – se limitar a invocar precedente ou enunciado de súmula, sem identificar seus fundamentos determinantes nem demonstrar que o caso sob julgamento se ajusta àqueles fundamentos; VI – deixar de seguir enunciado de súmula, jurisprudência ou precedente invocado pela parte, sem demonstrar a existência de distinção no caso em julgamento ou a superação do entendimento. § 2º No caso de colisão entre normas, o juiz deve justificar o objeto e os critérios gerais da ponderação

Por oportuno, no atual CPC não se reproduziu *livre convencimento* ou qualquer expressão que equivalha ao art. 131 do CPC/73 já que o dever de fundamentar ressai do novo art. 489 do CPC[9].

---

efetuada, enunciando as razões que autorizam a interferência na norma afastada e as premissas fáticas que fundamentam a conclusão. § 3º A decisão judicial deve ser interpretada a partir da conjugação de todos os seus elementos e em conformidade com o princípio da boa-fé.

9. "Em relação a este último aspecto, grande polêmica vem causando a verba legis do art. 489, inclusive com vozes criticando seus conteúdos, quando na verdade deveriam festejá-lo como uma possibilidade efetiva de otimizar o trabalho dos tribunais, inclusive, com aumento de sua eficiência. No aludido dispositivo, em prol de uma nova racionalidade decisória, ganha destaque as novas funções do relatório (art. 489, I) para o novo sistema que leva a sério o direito jurisprudencial e o microssistema de litigiosidade repetitiva do CPC/2015. O referido inciso I estabelece como dever-poder para o juiz de se promover "a identificação do caso". Sabe-se que sob a égide do CPC/2015 na formação do precedente será imperativo o enfrentamento de todos os argumentos relevantes da causa (arts. 489, §1º, IV, 927 §1º, 984, §2º), inclusive poupando os juízes submetidos à sua força gravitacional da necessidade de enfrentamento dos mesmos argumentos já analisados e julgados, salvo quando a parte trouxer inovação relevante. Nesta hipótese, bastará ao magistrado, nos termos dos incs. V e VI, do §1º, art. 489, comparar os fatos operativos (materiais) do caso presente mediante analogias e contra-analogias a fim de se determinar se o mesmo deve ser tratado da forma como estabelecido no precedente, ou se deve receber tratamento diverso. No entanto, exatamente para definição dos fatos operativos e dos fundamentos a serem enfrentados na formação do precedente que se deve ofertar as novas e relevantes funções ao relatório. Diversamente do atual CPC/1973 (art. 458), no qual o relatório foi relegado a uma narrativa pouco importante da sequência de atos-fatos processuais, no CPC-2015 caberá ao tribunal, para identificação do caso, pontuar todos os argumentos fáticos e jurídicos que deverão ser analisados igualmente e sob os mesmos pressupostos pelos membros do colegiado, de maneira a se permitir a extração, pós-julgamento, dos fundamentos determinantes (*ratio decidendi*) objeto de discussão a ser utilizados como padrão decisório panorâmico para casos futuros. Do mesmo modo, nos juízos monocráticos caberá, na elaboração do relatório, indicar os fatos operativos a permitir, mediante analogias e contra-analogias, a aplicação adequada do precedente mediante exata identificação e aplicação de seus fundamentos determinantes (art. 489, §1º, inc. V) e nunca de modo mecânico, sem comparações, como hoje se mostra corriqueiro. Igualmente, a identificação no relatório dos fatos operativos do caso viabilizará a demonstração da existência de distinção no caso em julgamento ou a superação do entendimento (art. 489, §1º, inc. VI). Pontue-se, como já dito, que na hipótese de o precedente já ter enfrentado com amplitude, em sua formação, os argumentos relevantes suscitados no atual caso em julgamento, será despiciendo ao julgador enfrentar novamente os mesmos

Porém, o STJ, guardião da legislação federal e conceituado como Tribunal da Cidadania, mesmo após a vigência da Lei 13.105/2015, frisa-se, tem mantido hígida a cláusula do livre convencimento[10], como ressai, por exemplo, do REsp 827.440/MT[11].

Necessária se mostra a superação de uma teoria da decisão estruturada sob um positivismo normativista, o qual outorgou excessiva discricionariedade ao juiz na aplicação do direito. Deve-se assim, buscar uma redução da discricionariedade judicial para evitar decisões ilegítimas, vez que proferidas em ato de vontade do julgador.

---

argumentos (suscitados pelas partes) no caso atual (como preceitua o art. 489, §1º, inc. IV), salvo quando a parte trouxer novos argumentos relevantes ou que permitam a distinção entre os casos, eis que o objetivo do dever de consideração (THEORORO JR et al, 2015) não é o de burocratizar o julgamento, mas aprimorar qualitativamente os julgamentos. NUNES, Dierle; HORTA, André Frederico. A doutrina do precedente judicial: Fatos operativos, argumentos de princípio e o novo Código de Processo Civil. BUENO, Cássio Scarpinela (org.). Novo CPC. São Paulo: Editora Artmed Panamericana/IBDP. 2015

10. STJ: REsp 1339651/RS, Rel. Ministro RICARDO VILLAS BÔAS CUEVA, TERCEIRA TURMA, julgado em 22/09/2016, DJe 30/09/2016; AgInt no AREsp 883.507/SP, Rel. Ministro RICARDO VILLAS BÔAS CUEVA, TERCEIRA TURMA, julgado em 20/09/2016, DJe 30/09/2016; AgInt no AREsp 794.999/SP, Rel. Ministro MOURA RIBEIRO, TERCEIRA TURMA, julgado em 20/09/2016, DJe 30/09/2016

11. AGRAVO INTERNO NO AGRAVO EM RECURSO ESPECIAL. VÍCIO DO PRODUTO. DANO MORAL. OCORRÊNCIA. INDENIZAÇÃO. OBRIGATORIEDADE. REVISÃO. NECESSIDADE DE REEXAME FÁTICO. SÚMULA 7/STJ. INSTRUÇÃO PROBATÓRIA. LIVRE CONVENCIMENTO. ENTENDIMENTO ADOTADO NESTA CORTE. VERBETE 83 DA SÚMULA DO STJ. NÃO PROVIMENTO. 1. Decisão recorrida publicada antes da entrada em vigor da Lei 13.105 de 2015, estando o recurso sujeito aos requisitos de admissibilidade do Código de Processo Civil de 1973, conforme Enunciado Administrativo 1/2016. 2. Não cabe, em recurso especial, reexaminar matéria fático-probatória (Súmula n. 7/STJ). 3 **Como destinatário final da prova, cabe ao magistrado dirigir a instrução e deferir a produção probatória que considerar necessária à formação do seu convencimento**. 4. O Tribunal de origem julgou nos moldes da jurisprudência pacífica desta Corte. Incidente, portanto, o enunciado 83 da Súmula do STJ. 5. Agravo interno que se nega provimento. (STJ: AgRg no AREsp 827.440/MT, Rel. Ministra MARIA ISABEL GALLOTTI, QUARTA TURMA, julgado em 07/04/2016, DJe 13/04/2016)

Por isso, imperioso superar o paradigma sujeito-objeto, cujos aportes teóricos tem sido cunhado na perspectiva, ainda que controversa, do pós-positivismos.

Daí a justa e acertada observância do STF:

> A decisão, como ato de inteligência, há de ser a mais completa e convincente possível. Incumbe ao Estado-juiz observar a estrutura imposta por lei, formalizando o relatório, a fundamentação e o dispositivo. Transgride comezinha noção do devido processo legal, desafiando os recursos de revista, especial e extraordinário pronunciamento que, inexistente incompatibilidade com o já assentado, implique recusa em apreciar causa de pedir veiculada por autor ou réu. O juiz é um perito na arte de proceder e julgar, devendo enfrentar as matérias suscitadas pelas partes, sob pena de, em vez de examinar no todo o conflito de interesses, simplesmente decidi-lo, em verdadeiro ato de força, olvidando o ditame constitucional da fundamentação, o princípio básico do aperfeiçoamento da prestação jurisdicional. (STF: RE 435.256, rel. min. Marco Aurélio, j. 26-5-2009, 1ª T, DJE de 21-8-2009).

A função jurisdicional típica se materializa com a fiel observância ao art. 93, IX da CRFB/88 que impõe a todos os Juízes o dever da fundamentação adequada.

Da doutrina de Nelson Nery Junior e Rosa Maria de Andrade Nery extrai-se que a motivação tem por norte convencer, incialmente, o próprio julgador do acerto de determinado modo de decidir. Além disso, deve mostrar a parte sucumbente que o processo não obteve aquele resultado pela aleatoriedade, mas por extração legal e constitucional a permitir o controle crítico do pronunciamento judicial[12].

> Daí a extrema relevância da fundamentação da construção do raciocínio do juiz, que justifica seu *status* constitucional:

12. Comentários ao Código do Processo Civil/Nelson Nery Junior, Rosa Maria de Andrade Nery – São Paulo: Editora Revista dos Tribunais, 2015, p. 1153

> como extensão do poder estatal, e como entidade imparcial no processo, o juiz deve expor os motivos que lhe formaram o convencimento (na terminologia do CPC 371[13]), como mostra de que o de que o dever do Estado de distribuir justiça foi cumprido, e também como expressão do contraditório e ampla defesa (CF 5º LV). A falta ou deficiência na fundamentação acarreta nulidade, conforme previsão expressa da CF 93 IX. (Nery, 1153).

Aliás, o dever de fundamentar constitui uma derivação do próprio estado de direito[14] ao se permitir o controle de atos emanados do próprio Estado, de modo que a ausência de motivação ou motivação deficitária leva à nulidade do ato judicial[15].

Portanto, conforme ressai da jurisprudência do Supremo, a garantia constitucional estatuída no art. 93, IX, da CF, segundo a qual todas as decisões judiciais devem ser fundamentadas, é exigência inerente ao Estado Democrático de Direito e, por outro, é instrumento para viabilizar o controle das decisões judiciais e assegurar o exercício do direito de defesa. A decisão judicial não é

---

13. O juiz apreciará a prova constante dos autos, independentemente do sujeito que a tiver promovido, e indicará na decisão as razões da formação de seu convencimento.

14. A fundamentação constitui pressuposto de legitimidade das decisões judiciais. A fundamentação dos atos decisórios qualifica-se como pressuposto constitucional de validade e eficácia das decisões emanadas do Poder Judiciário. A inobservância do dever imposto pelo art. 93, IX, da Carta Política, precisamente por traduzir grave transgressão de natureza constitucional, afeta a legitimidade jurídica da decisão e gera, de maneira irremissível, a consequente nulidade do pronunciamento judicial. [STF: HC 80.892, rel. min. Celso de Mello, j. 16-10-2001, 2ª T, DJ de 23-11-2007.]

15. A falta de fundamentação não se confunde com fundamentação sucinta. Interpretação que se extrai do inciso IX do art. 93 da CF/1988. [HC 105.349 AgR, rel. min. Ayres Britto, j. 23-11-2010, 2ª T, DJE de 17-2-2011.] – O art. 93, IX, da CF exige que o acórdão ou decisão sejam fundamentados, ainda que sucintamente, sem determinar, contudo, o exame pormenorizado de cada uma das alegações ou provas, nem que sejam corretos os fundamentos da decisão. [AI 791.292 QO-RG, rel. min. Gilmar Mendes, j. 23-6-2010, P, DJE de 13-8-2010]

um ato autoritário, um ato que nasce do arbítrio do julgador, daí a necessidade da sua apropriada fundamentação[16].

4.2. A INTEGRIDADE DO DIREITO À BRASILEIRA

Na linha da teoria *dworkininiana*, bem assim justificando na segurança jurídica, isonomia e duração razoável do processo, o atual Código de Processo Civil impõe aos tribunais o dever de uniformizar sua jurisprudência e mantê-la estável, íntegra e coerente (CPC/2015, 926).

Cumpre observar que essa função uniformizadora dos tribunais, como lembra o Professor Fábio Quintas, iniciou-se como onda renovatória ainda no CPC/73[17].

---

16. STF: RE 540.995, rel. min. Menezes Direito, j. 19-2-2008, 1ª T, DJE de 2-5-2008.

17. "reformulação do sistema recursal, fortalecendo a função uniformizadora dos tribunais superiores. Como bem sumariza José Rogério Cruz e Tucci (2004, Cap. VIII), a redação dos arts. 476-479 do CPC/1973 (LGL\1973\5), instituídas pela Lei, instituiu o incidente de uniformização de jurisprudência. Por força do disposto no art. 557 do CPC/1973 (LGL\1973\5) (Leis 9.139/1995 e 9.756/1998) e do art. 38 da Lei 8.038/1990, o ordenamento processual introduziu a súmula impeditiva de recursos, na medida em que habilitou os relatores dos recursos, nos tribunais, a indeferir liminarmente (monocraticamente) os recursos que desafiassem decisões que estivessem de acordo com a orientação jurisprudencial firmada nos tribunais superiores. Em função do § 1.º-A do art. 557 do CPC/1973 (LGL\1973\5), os relatores também foram autorizados a prover recursos monocraticamente, para fazer prevalecer o entendimento jurisprudencial firmado pelos Tribunais Superiores. O art. 555 do CPC/1973 (LGL\1973\5), com a redação que lhe deu a Lei 10.352/2002, passou a autorizar que o relator, nos tribunais, propusesse preventivamente ou havendo divergência a uniformização de jurisprudência, submetendo ao órgão colegiado superior a matéria para julgar diretamente o recurso (afetação do recurso, em vez de formar incidente). Mais recentemente, instituiu-se, no âmbito do STF, o regime da repercussão geral da questão constitucional, no âmbito do recurso extraordinário e a súmula vinculante (EC 45, de 2004 e Lei 11.418, de 2006) e, no âmbito do STJ, o regime do recurso especial repetitivo, previsto no art. 543-C do CPC/1973 (LGL\1973\5) (Lei 11.672, de 2008), e a possibilidade de ajuizamento de reclamação perante o STJ contra decisão dos juizados especiais contrárias ao entendimento firmado na Corte (STF, EDcl no RE 571.572-8/BA, rel. Min. Ellen Gracie, DJ 27.11.2009) (QUINTAS; GOMES, 2011)." QUINTAS, Fábio Lima. **Para**

Em tal viés, deve ser entendido que a estabilidade da jurisprudência não deverá ser alterada sem propósito, já que inviável pensar em imodificabilidade dadas às transformações sociais inerentes à sociedade[18].

> **Precedente na *common law*.** Porém, o precedente, na *common law*, vai muito além da simplificação do julgamento enxergado pela doutrina nacional, de modo geral. O precedente, ali, não funciona como uma simples ferramenta de simplificação do julgamento; invoca-se o precedente porque se pretende que há nele uma analogia, substancialmente falando, quer permite que o princípio que justifica o caso anterior cubra também o novo caso. Vai-se do particular ao geral e não do geral ao particular, como é típico no sistema anglo-americano e inverso do nosso. Mas a afirmação da analogia tem de sujeitar-se ao *distinguo*. Pode objetar-se que no novo caso há elementos relevantes que o subtraem à sorte jurídica do caso anterior (...). Portanto, há uma análise acurada do caso para que se verifique se é cabível aplicação do mesmo princípio que norteou o julgamento do caso tomado como precedente, o que é bem diferente daquilo que se entende comumente por esse instituto no Brasil. (NERY, 2015, p. 1833).

E prossegue:

> **Precedente no CPC.** Em vista do exposto, o que ocorreu, por meio das últimas alterações de peso impostas ao CPC/1973, reforçado pelo atual CPC, foi a criação de um 'precedente à brasileira' – para usar a expressão de Julio Cesar Rosi (...), consubstanciado na sumula, em primeiro lugar, e em segundo lugar nas decisões em ações/recursos repetitivos e de repercussão geral. Se se levar este ponto em consideração, aí sim seria possível

que um novo código de processo civil? Uma reflexão sobre os novos contornos da função jurisdicional. Revista dos Tribunais Online – Revista de Processo/vol. 256/2016/p. 295-316/jun/2016 – DTR 2016/19774

18. Comentários ao Código de Processo Civil/Nelson Nery Junior, Tosa Maria de Andrade Nery – São Paulo: Editora Revista dos Tribunais, 2015, p. 1832

> falar em sumula como precedente, nos termos em que o faz o CPC (o mesmo podendo ser dito em relação ao julgamento de recursos repetitivos e à repercussão geral). Talvez seja melhor do que justificar a adoção do instituto com base na interpretação errônea do instituto do *common law*, apelando-se para a necessidade de julgamento célere que acabou por ser consagrada como regra constitucional (CF 5º LXXVIII), como se outros meios (administrativos, p. ex.) de solução do grande acumulo de feitos a julgar não fossem possíveis. (NERY, 2015, p. 1833).

Sustenta-se que móvel do art. 926 do CPC/2015 e toda a reforma é a uniformização da jurisprudência brasileira no propósito de resguardar a segurança jurídica[19]. Anota-se ser comum a mudança de rumos da jurisprudência brasileira, o que indica a necessidade de uma jurisprudência uniforme e estável (ALVIM, 2015, p. 1314), visando primar pelo tratamento isonômico que encontra eco na Constituição Federal e no Estado Democrático de Direito (ALVIM, 2015, p.1315).

Por certo, a noção de justiça sugere a todos, inevitavelmente, a ideia de certa igualdade (PERELMAN, 1996, 14), o que remete ao conceito de justiça formal em que seres de uma mesma categoria devem ser tratados da mesma forma.

Em tal linha intelectiva, a jurisprudência apenas poderia ser alterada quando o entendimento for sabidamente errado e, também, quando ocorrerem alterações no plano social, que exige interpretação diversa daquela que vinha sendo utilizada (ALVIM, 2015, p.1315).

Sobre o ponto, eis a síntese já oferecida pelo STF:

> EMENTA: INGRESSO NA CARREIRA DA MAGISTRATURA. ART. 93, I, CRFB. EC 45/2004. TRIÊNIO DE ATIVIDADE JU-

19. Primeiros comentários ao novo código de processo civil: artigo por artigo/Coordenação Teresa Arruda Alvim – 1ª edição – São Paulo: Editora Revista dos Tribunais, 2015, p. 1313

RÍDICA PRIVATIVA DE BACHAREL EM DIREITO. REQUISITO DE EXPERIMENTAÇÃO PROFISSIONAL. MOMENTO DA COMPROVAÇÃO. INSCRIÇÃO DEFINITIVA. CONSTITUCIONALIDADE DA EXIGÊNCIA. ADI 3.460. REAFIRMAÇÃO DO PRECEDENTE PELA SUPREMA CORTE. PAPEL DA CORTE DE VÉRTICE. UNIDADE E ESTABILIDADE DO DIREITO. VINCULAÇÃO AOS SEUS PRECEDENTES. *STARE DECISIS.* PRINCÍPIOS DA SEGURANÇA JURÍDICA E DA ISONOMIA. AUSÊNCIA DOS REQUISITOS DE SUPERAÇÃO TOTAL (*OVERRULING)* DO PRECEDENTE. 1. A exigência de comprovação, no momento da inscrição definitiva (e não na posse), do triênio de atividade jurídica privativa de bacharel em Direito como condição de ingresso nas carreiras da magistratura e do ministério público (arts. 93, I e 129, §3º, CRFB – na redação da Emenda Constitucional n. 45/2004) foi declarada constitucional pelo STF na ADI 3.460. 2. Mantidas as premissas fáticas e normativas que nortearam aquele julgamento, reafirmam-se as conclusões (*ratio decidendi)* da Corte na referida ação declaratória. 3. O papel de Corte de Vértice do Supremo Tribunal Federal impõe-lhe dar unidade ao direito e estabilidade aos seus precedentes. 4. Conclusão corroborada pelo Novo Código de Processo Civil, especialmente em seu artigo 926, que ratifica a adoção – por nosso sistema – da regra do *stare decisis,* que "densifica a segurança jurídica e promove a liberdade e a igualdade em uma ordem jurídica que se serve de uma perspectiva lógico-argumentativa da interpretação". (MITIDIERO, Daniel. Precedentes: da persuasão à vinculação. São Paulo: Revista dos Tribunais, 2016). 5. A vinculação vertical e horizontal decorrente do *stare decisis* relaciona-se umbilicalmente à segurança jurídica, que "impõe imediatamente a imprescindibilidade de o direito ser cognoscível, estável, confiável e efetivo, mediante a formação e o respeito aos precedentes como meio geral para obtenção da tutela dos direitos". (MITIDIERO, Daniel. Cortes superiores e cortes supremas: do controle à interpretação, da jurisprudência ao precedente. São Paulo: Revista dos Tribunais, 2013). 6. Igualmente, a regra do *stare decisis* ou da vinculação aos precedentes judiciais "é uma decorrência do próprio princípio da igualdade: onde existirem as mesmas razões,

> devem ser proferidas as mesmas decisões, salvo se houver uma justificativa para a mudança de orientação, a ser devidamente objeto de mais severa fundamentação. Daí se dizer que os precedentes possuem uma força presumida ou subsidiária." (ÁVILA, Humberto. Segurança jurídica: entre permanência, mudança e realização no Direito Tributário. São Paulo: Malheiro, 2011). 7. Nessa perspectiva, a superação total de precedente da Suprema Corte depende de demonstração de circunstâncias (fáticas e jurídicas) que indiquem que a continuidade de sua aplicação implicam ou implicarão inconstitucionalidade. 8. A inocorrência desses fatores conduz, inexoravelmente, à manutenção do precedente já firmado. 9. Tese reafirmada: "é constitucional a regra que exige a comprovação do triênio de atividade jurídica privativa de bacharel em Direito no momento da inscrição definitiva". 10. Recurso extraordinário desprovido. (STF: RE N. 655.265-DF – RED. P/ O ACÓRDÃO: MIN. EDSON FACHIN)

De conseguinte, como já registrado, o acesso amplo não pode se contentar com o acesso formal aos órgãos estatais, mas sempre primar pelo franqueio a uma ordem genuinamente justa, o que torna imperioso seguir regras, mas sem aplica-las de forma irrefletida e olvidando a singularidade do caso.

4.3. JUSTIÇA DO CASO CONCRETO

É certo que

> (...) um ser apaixonado por justiça não se contentará em aplicar estrita e cegamente as regras que decorrem de seu sistema normativo; sempre pensará no fundamento arbitrário de seu sistema que não é, e não pode ser, um sistema perfeito. Não esquecerá que, ao lado dos valores reconhecidos por ele, existem outros valores aos quais algumas pessoas se devotam e pelos quais se sacrificam, e que é possível uma revisão de valores. Assim é que, embora pareça ser a justiça a única virtude racional, que se opõe à irregularidade dos nossos atos, à arbitrariedade das nossas regras, não se deve esquecer que sua ação mesma é

> fundamentada em valores arbitrários, irracionais, e que a estes se opõem outros valores aos quais um sentimento de justiça refinado não pode ser totalmente insensível. (Chaim Perelman, 1996, p. 66).

Ao fundamento de se resguardar a isonomia e segurança jurídica, atualmente, passou o nosso sistema, de certa forma, a albergar o direito jurisprudencial, o qual, nos sistemas que prestigiam o verdadeiro precedente tem por norte conferir tratamento igualitário valendo-se da técnica de gerenciamento processual (*case management* e *court management*).

Contudo, o tema central do sistema *common law* é a facilidade de se identificar *ratio decidendi* ou *holding*, o que é extremamente dificultoso no Brasil[20] por não se assentar referidas razões de decidir e, também, por se eleger causa piloto – *Pilotverfahren* ou *test claims*.

Sem qualquer dúvida, ainda que reduza a discricionariedade judicial, justiça não é feita em números e com o objetivo de cumprir metas fixadas por órgãos de controle externo[21].

---

20. Caso clássico é da sumula 309 do STJ que dispõe sobre a prisão civil decorrente de débito alimentar. Inicialmente foi editado o referido verbete nos seguintes termos: SÚMULA 309 (redação *equivocada* 27/04/2005): O débito alimentar que autoriza a prisão civil do alimentante é o que compreende as três prestações anteriores à citação e as que vencerem no curso do processo. Posteriormente veio a retificação dado o descompasso com a jurisprudência e as razões de decidir: SUMULA 309 (redação *atual* – 22/03/2006): O débito alimentar que autoriza a prisão civil do alimentante é o que compreende as três prestações anteriores ao ajuizamento da execução e as que se vencerem no curso do processo.

21. Eis as metas fixadas anualmente pelo Conselho Nacional de Justiça: META 1 – Julgar mais processos que os distribuídos; META 2 – Julgar processos mais antigos; META 3 – Aumentar os casos solucionados por conciliação (Justiça Federal, Justiça Estadual e Justiça do Trabalho); META 4 – Priorizar o julgamento dos processos relativos à corrupção e à improbidade administrativa (STJ, Justiça Federal, Justiça Estadual e Justiça Militar da União e dos Estados); META 5 – Impulsionar processos à execução (Justiça do Trabalho, Justiça Federal e Justiça Estadual) e META 6 – Priorizar o julgamento das ações coletivas (STJ, Justiça Estadual, Justiça Federal e Justiça do Trabalho); META 7 – Priorizar o julgamento dos processos dos maiores litigantes e dos recursos repetitivos (STJ, Justiça do Trabalho e Justiça Estadual); META 8 –

Também é possível assentar, em tal linha intelectiva, que um sistema jurídico apenas se legitima quando se observa, principalmente, as vertentes da segurança jurídica, quais sejam, a estabilidade das relações – viés objetivo – e proteção da segurança – viés subjetivo. Aliás, justiça não é um jogo de apostas.

Nessa linha, calha a oportuna observação:

> É nesse sentido que se diz que o direito é uma ordem normativa: o direito, seja qual for, tem pretensão de ser uma ordem, mais no sentido de ordenação do que de comando, que orienta o agir dos indivíduos a ele submetidos (MACCORMICK, 2009, p. 11). (...) "A adequada compreensão de todos esses cenários impõe considerar a existência da regra que (i) está imersa num feixe de outras regras com a intenção de alcançar uma finalidade voltada ao bem comum, (ii) é constituída por uma prática social e (iii) é reconhecida a priori como vinculante para os indivíduos, que devem autonomamente decidir pelo seu cumprimento ou não (MACCORMICK, 1992, p.55). (...) Entender a extensão dessa regra passa então (i) por considerações a respeito do valor que lhe é atribuído pelas pessoas, (ii) pela identificação dos argumentos relevantes para afastar ou justificar sua aplicação e (iii) pela identificação dos órgãos perante os quais esses argumentos podem ser validamente utilizados. (...) Em todos esses cenários, é reafirmada e realimentada a existência de uma realidade normativa que certamente não se exaure no texto legal, mas é mais ampla do que a prática argumentativa sobre o que seja certo ou errado. Essa é uma realidade que permeia as relações sociais e é considerada pelas pessoas para agir." (QUINTAS, 2.014)

Porém, de bom alvitre consignar que apenas se forma precedente quando todos os argumentos relevantes forem levados em consideração (CPC/2015, arts. 10, 489, §1º, inc. IV, 927, §1º).

Implementar práticas de Justiça Restaurativa e fortalecer rede de enfrentamento da violência doméstica e familiar.

Ao analisar a perspectiva da justiça, cada qual segundo o que a lei atribui, Chaim Perelman faz considerações sobre a jurisprudência e a função judicial. Nesse contexto, registra que o juiz, no exercício de suas funções, para fazer valer sua concepção particular de justiça, deve-se verificar se se qualifica como servidor público encarregado de aplicar justiça ou da jurisprudência em seu todo.

Aduz que mesmo que se trate de um julgador que se contenta em seguir as trilhas da justiça e que não intenta inovar, seu papel não é puramente passivo porque toda visão de realidade é, de certo modo, subjetiva. Mesmo na reconstrução de uma visão direta, o juiz íntegro será, ainda que de forma involuntária, levado a fazer coincidir, em sua análise fática, o direito e seu sentimento íntimo de justiça.

Porém, segundo Perelman, é da jurisprudência que depende a definição de todas as noções confusas, de expressões equívocas do direito, pois para ela, será um jogo definir essas noções e interpretar essas expressões de forma que o sentimento de justiça do juiz não seja contrariado com demasia violência pelas exigências legais (PERELMAN, 1996, p. 29).

Adverte Perelman que, quando se tratou de leis cujo sentido dificilmente seria deformado, a jurisprudência se contentou em esquecer-lhes a existência e, de tanto não as aplicar, as fez cair em desuso. Mas, na defasagem, a jurisprudência se encarrega de reduzir inconvenientes das morosidades inevitáveis do Legislativo (1996:31), adequando o direito ao contexto fático da realidade.

Da análise consequencialista de POSNER extrai-se:

> O poder de uma analogia é um estimulo ao pensamento. O direito procura uma lógica da justificação e não mera ou basicamente uma lógica da descoberta. Como método de justificação, o raciocínio por analogia é, de fato, ou entimemático (isto é, dedutivo) ou francamente indutivo, em vez de ser seu próprio tipo de coisa; e, seja o que for, nada há nele de nitidamente jurídico. Os precedentes de evidente relevância têm, de fato,

> autoridade num tribunal de justiça, mas sua autoridade é de caráter político - ou seja, tem suas raízes basicamente na força - e não epistêmico. Os juízes seguem as decisões anteriores de seu tribunal quando estão de acordo com elas, ou quando consideram a estabilidade jurídica mais importante, naquelas circunstancias, do que a compreensão correta do direito. Contudo, a importância da analógica do precedente significa simplesmente que o precedente contém informações relevantes para a decisão do caso em pauta. (POSNER, 2007, p. 609).

Contudo, a função do precedente deve dinamizar o sistema jurídico, não engessá-lo.

Com efeito, a interpretação do precedente deve considerar a totalidade do ordenamento e toda a valoração e a fundamentação que o embasaram, de modo que, sempre que ele for a base de uma nova decisão, seu conteúdo é passível de um ajuste jurisprudencial. A propósito, Keity Eddey ressalta a vantagem do sistema de precedentes com sua dinamicidade para se encontrar a resposta adequada à solução jurídica. (STRECK, 112).

Contudo, o uso *standartizado* (CPC, 927)[22] acabará por comprometer o acesso efetivo já que, induvidosamente, enrijecerá a prestação jurisdicional, em olvide ao aspecto qualitativo.

---

22. Nesse contexto, já que a crise paradigmática estará, então, agravada, o que menos será discutido, provavelmente, será a qualidade das decisões e a legitimidade das instâncias superiores do Judiciário para proferir decisões com efeito vinculante, que no imaginário de boa parte da comunidade jurídica, tem valor superior ao da própria legislação. Infelizmente, nossas reformas legislativas, inclusive grande parte do NCPC, continuam tendo por mote principal facilitar a administração Judiciária mediante a redução quantitativa do número de processos. Isso porque a principal preocupação na elaboração do NCPC é a segurança jurídica pensada sob o ponto de vista do Judiciário e a crença de que os mecanismos vinculantes forjados para funcionar verticalmente assegurariam a concretização da segurança jurídica e acabariam com o fenômeno daquilo que se convencionou chamar de jurisprudência lotérica. (...) Na realidade, a falta de segurança jurídica em nossa jurisprudência está relacionada ao descompromisso do nosso Judiciário com a legalidade vigente, uma vez que em seu imaginário a lei estaria à disposição do

Aliás, nem Kelsen defendeu essa vinculação absoluta:

> A norma do escalão superior não pode vincular em todas as direções (sob todos os aspectos) o ato através do qual é aplicada. Tem sempre de ficar uma margem, ora maior ora menor, de livre apreciação, de tal forma que a norma do escalão superior tem sempre, em relação ao ato de produção normativa ou de execução que a aplica, o caráter de um quadro ou moldura a preencher por este ato. Mesmo uma ordem o mais pormenorizada possível tem de deixar àquele que a cumpre ou executa uma pluralidade de determinações a fazer. Se o órgão A emite um comando para que o órgão B prenda o súdito C, o órgão B tem de decidir, segundo o seu próprio critério, quando, onde e como realizará a ordem de prisão, decisões essas que dependem de circunstâncias externas que o órgão emissor do comando não previu e, em grande parte, nem sequer podia prever. (KELSEN, 2006, p. 388)

E prossegue advertindo:

> ...na aplicação do Direito, por um órgão jurídico, a interpretação cognoscitiva (obtida por uma operação de conhecimento) do Direito a aplicar combina-se com um ato de vontade em que o órgão aplicador do Direito efetua uma escolha entre as possibilidades reveladas através daquela mesma interpretação cognoscitiva (...). Através deste ato de vontade se distingue a interpretação jurídica feita pelo órgão aplicador do Direito de toda e qualquer outra interpretação, especialmente da interpretação levada a cabo pela ciência jurídica. A interpretação feita pelo órgão aplicador do Direito é sempre autêntica. (KELSEN, 2006, p. 394).

Na linha Eugène Dupréel, qualifica-se a justiça como estática quando se baseia na manutenção da ordem estabelecida, opondo-lhe todas as outras considerações como as formas de justiça dinâmica

---

interprete que poderia deixar de aplica-la por razões de conveniência. (STRECK, 116).

por poderem trazer a modificação dessa ordem, das regras que a determinam. A justiça dinâmica constitui, por outro lado, fator de transformação e se mostra um instrumento do espírito reformador ou progressista, como ele se autodenomina e já a justiça estática, propriamente conservadora, é fator de fixidez. (Perelman, 1996, p. 12).

Obviamente que o Estado juiz não deve se preocupar com a quantidade de pronunciamentos, mas a qualidade a fim de franquear às partes o acesso a uma ordem jurídica justa. O ideal, ninguém duvida, é conciliar quantidade e qualidade, embora tal se mostre uma utopia dado o volume de trabalho que a magistratura brasileira enfrenta.

> De fato, o direito ao acesso efetivo tem sido progressivamente reconhecido como sendo de importância capital entre os novos direitos individuais e sociais, uma vez que a titularidade de direitos é destituída de sentido, na ausência de mecanismos para sua efetiva reivindicação. O acesso à justiça pode, portanto, ser encarado como requisito fundamental – o mais básico dos direitos humanos – de um sistema jurídico moderno e igualitário que pretenda garantir, e não apenas proclamar os direitos de todos. (CAPPELLETTI, Mauro. GARTH, Bryant., 1988, pp. 11/12)[23]

Porém, o Juiz não pode se transformar em um mero reprodutor[24] de decisões superiores, e passar a padecer do que se tem chamado de "*Síndrome de Abdulla*"[25].

---

23. CAPPELLETTI, Mauro. GARTH, Bryant. Acesso à Justiça. Tradução de Ellen Gracie Northfleet. Porto Alegre, Fabris, 1988, pp. 11/12

24. Como já advertiu o STJ, "não pode levar o aplicador do direito à absurda conclusão de que esteja ele impedido, no seu mister de apreciar e aplicar as normas de direito, de valer-se de uma equilibrada ponderação dos elementos lógico-sistemático, histórico e finalístico ou teleológico, os quais integram a moderna metodologia de interpretação das normas jurídicas. (REsp 192.531/RS, Rel. Min. João Otávio de Noronha, julgado em 17.2.2005, DJ 16.5.2005.) (REsp 967.693/DF, Rel. Ministro HUMBERTO MARTINS, SEGUNDA TURMA, julgado em 04/09/2007, DJ 18/09/2007, p. 296)

25. "Síndrome de Abdula" explicado através de metáfora pelo conto de Ítalo Calvino: "Pela história, Alá ditava o Corão para Maomé, que por sua vez, ditava para Abdula,

Calha à transcrição:

> Esse é o grande risco de utilização irrefletida de provimentos vinculantes, ou seja, com o intuito de assegurar uma aplicação isonômica e uniforme da legislação, ignora-se a individualidade e as particularidades de cada caso concreto, solucionando-se diversas demandas de forma automática, impedindo que os juízes e os tribunais locais examinem pormenorizadamente as particularidades do caso concreto. (STRECK, 113).

De outro lado, no sistema inglês, também signatário da *common law*, o respeito ao precedente não induz o juiz ou tribunal à impossibilidade de estabelecer diálogo com a corte que formou o precedente e, inclusive, fomentar a *overruling*.

> Fora da *House of Lords*, aliás, a prática de rever os próprios precedentes é ainda considerada expressamente proibida, de sorte que, se uma corte inglesa de apelação tiver posicionamento contrário ao seu próprio precedente, deve, ao invés de revê-lo, conceder *leave to appeal* e remeter o processo para a corte superior. Esse é, com efeito, o entendimento reiterado por Lord Bingham em um caso de discrepância entre os tribunais ingleses acerca da aplicação da Convenção Europeia de Direitos Humanos: "Como Lord Hailsham observou, 'em questões jurídicas, um certo grau de certeza é ao menos tão valioso quanto uma parte de justiça ou perfeição'. Esse grau de certeza é mais bem alcançado ao se aderir, mesmo no contexto convencional, a nossas regras sobre precedentes judiciais. Será com certeza ônus dos juízes revisar os argumentos convencionais dirigidos a eles, e se eles considerarem um precedente vinculante inconsistente, ou possivelmente inconsistente, com as *authorities* de Strasbourg, eles podem expressar suas opiniões e dar trânsito à apelação [leave to appeal], como a Court of Appeal fez aqui. *Leap-frog*

o escrivão. Em determinado momento Maomé deixou uma frase interrompida. Instintivamente, o escrivão Abdula sugeriu-lhe a conclusão. Distraído, Maomé aceitou como palavra divina o que dissera Abdula. Esse fato escandalizou o Escrivão, que abandonou o profeta e perdeu a fé. Abdula não era digno de falar em nome de Alá".

> *appeals* podem ser apropriados. Nesse sentido, na minha opinião, eles se desincumbem de seu dever estabelecido pelo Act de 1998. Mas eles devem seguir o precedente vinculante, como também fez a Court of Appeal nesse caso. (BUSTAMANTE, 2012, pp. 425-6)[26]

Não se duvida da importância do precedente[27].

Contudo, não se pode transformar a justiça em números, como tem sugerido, por exemplo, o infindável número de metas de órgãos de controle externo.

Ademais, o direito não se restringe àquilo que os tribunais dizem que é[28].

Assim, a utilização indevida de precedente não pode conduzir à estagnação do direito em prestígio a decisões padronizadas apenas porque uma Corte Superior editou entendimento neste ou naquele sentido.

---

26. BUSTAMANTE, Thomas. *Teoria do Precedente Judicial: A justificação e a aplicação de regras jurisprudenciais.* São Paulo: Noeses. 2012, p. 425-426.
27. Por que advogados discutem tanto sobre precedentes? Por que leem as decisões passadas e tentam aplicá-las a problemas presentes? Por que Juízes pensam poder justificar decisões mostrando que elas são compatíveis com precedentes, ou pensam não poder justificar uma decisão porque ela contradiz um precedente firmado? (MACCORMICK, Neil. *Retórica e o estado de direito:* uma teoria da argumentação jurídica. Tradução de Conrado Hübner Mendes e Marcos Paulo Veríssimo. Rio de Janeiro: Elsevier, 2008, p. 191).
28. Ora, o preço desse silêncio, enfim, da aceitação da homogeneização do pensamento jurídico, tem destinatários certos, ou seja, o próprio jurisdicionado, que vê solapado o seu direito com a supressão do caso concreto em face da desconsideração dos fatos em nome de uma justiça de números, e os operadores do direito, porque deliberadamente se submetem à *doutrina dos tribunais*, e, como consequência, não conseguem ver reconhecidas minimamente as especificidades do caso concreto, tudo passa a ser resolvido no atacado pela utilização de conceitos universalizantes (SAUSEN, Dalton. A utilização (in)devida dos precedentes: uma reflexão para além dos aspecto quantitativo da prestação jurisdicional. Revista do Tribunal de Contas do Estado de Minas Gerais – janeiro/fevereiro/março 2011/v. 78 – n. 1 – ano XXIX.

Cada caso situação possui as suas vicissitudes e, certamente, não se pode partir do geral para o particular.

> Seguramente essa é a lição que deveria ser apreendida pelas cortes superiores brasileiras ao lidar com os precedentes, porquanto as circunstâncias de cada caso sempre serão únicas, pela razão óbvia de que os fatos nunca poderão ser exatamente iguais. Com tal assertiva, evidentemente, não se está a refutar a possibilidade da utilização dos precedentes, até porque eles são absolutamente importantes para a manutenção da coerência e integridade do direito. O que se pretende, em verdade, é salientar que não se mostra crível o julgamento por simples dedução/subsunção/indução, é preciso, sob pena de cercear o efetivo acesso à justiça, que sejam observadas as circunstâncias de cada caso, de modo que a universalização somente possa ser aceita quando isso for absolutamente possível. (Dalton Sausen)[29].

O acesso efetivo é uma garantia constitucional do cidadão e, assim, não se pode entregar a prestação jurisdicional como se todas as quezilas fossem idênticas.

Aliás, segundo Neil Duxbury, "*seguir precedentes com o fim de gerar estabilidade doutrinária ou o encerramento do debate jurídico dificilmente será louvável onde a flexibilidade e abertura são qualidades que servem melhor aos litigantes.*"(DUXBURY, 2008, 159)[30].

O direito jurisprudencial como tem sido cunhado por respeitável setor da literatura, não pode conduzir à conclusão que o precedente transpõe a legislação e até a Constituição Federal. Pensar de modo diverso seria ruir a estrutura básica do Estado Democrático de Direito porque o julgador transformar-se-ia em legislador e, em

29. É certamente verdadeiro que qualquer universalização feita a partir de uma razão particular em um caso particular tem que ser aceita com uma certa cautela, porque diferentes circunstâncias podem sugerir exceções e qualificações que não haviam surgido à vista das circunstâncias do caso em consideração. (MacCormick, p. 118).

30. DUXBURY, Nel. The nature and autority of precedente. Cambridge: Cambridge University Press, 2008, p. 159

inúmeras oportunidades, o Supremo Tribunal Federal objetou a possibilidade de o Judiciário atuar como legislador positivo[31].

Certamente, o grande problema, frisa-se, é o alcançar a resposta adequada em cada caso – se isso for possível –, mormente pela natural e intuitiva utilização do precedente sob o influxo da subsunção o que pode determinar a estandardização do direito, olvidando aspecto qualitativo da prestação jurisdicional.

Não custa registrar que importantes vozes da doutrina brasileira rebelam contra o livre convencimento e, aliás, sustentam que tal não se compadece com as diretrizes traçadas pelo art. 489 do CPC/2015[32].

---

31. STF: ARE 893893 AgR, Relator(a): Min. LUIZ FUX, Primeira Turma, julgado em 05/04/2016, PROCESSO ELETRÔNICO DJe-083 DIVULG 28-04-2016 PUBLIC 29-04-2016; ARE 937323 AgR, Relator(a): Min. LUIZ FUX, Primeira Turma, julgado em 29/03/2016, PROCESSO ELETRÔNICO DJe-081 DIVULG 26-04-2016 PUBLIC 27-04-2016; Rcl 7801 AgR, Relator(a): Min. ROSA WEBER, Primeira Turma, julgado em 15/03/2016, PROCESSO ELETRÔNICO DJe-069 DIVULG 13-04-2016 PUBLIC 14-04-2016

32. "Em relação a este último aspecto, grande polêmica vem causando a verba legis do art. 489, inclusive com vozes criticando seus conteúdos, quando na verdade deveriam festejá-lo como uma possibilidade efetiva de otimizar o trabalho dos tribunais, inclusive, com aumento de sua eficiência. No aludido dispositivo, em prol de uma nova racionalidade decisória, ganha destaque as novas funções do relatório (art. 489, I) para o novo sistema que leva a sério o direito jurisprudencial e o microssistema de litigiosidade repetitiva do CPC/2015. O referido inciso I estabelece como dever-poder para o juiz de se promover "a identificação do caso". Sabe-se que sob a égide do CPC/2015 na formação do precedente será imperativo o enfrentamento de todos os argumentos relevantes da causa (arts. 489, §1º, IV, 927 §1º, 984, §2º), inclusive poupando os juízes submetidos à sua força gravitacional da necessidade de enfrentamento dos mesmos argumentos já analisados e julgados, salvo quando a parte trouxer inovação relevante. Nesta hipótese, bastará ao magistrado, nos termos dos incs. V e VI, do §1º, art. 489, comparar os fatos operativos (materiais) do caso presente mediante analogias e contra-analogias a fim de se determinar se o mesmo deve ser tratado da forma como estabelecido no precedente, ou se deve receber tratamento diverso. No entanto, exatamente para definição dos fatos operativos e dos fundamentos a serem enfrentados na formação do precedente que se deve ofertar as novas e relevantes funções ao relatório. Diversamente do atual CPC/1973 (art. 458), no qual o relatório foi relegado a uma narrativa pouco importante da sequência de atos-fatos processuais,

Por isso, revela-se necessário verificar as peculiaridades de cada caso para que o direito não seja uma mera reprodução de um julgado anterior[33] ou se transforme em direito dos tribunais.

Como já registrado, a imposição de precedente como força de convencimento por si só, nega qualidades mais caracteristicamente humanas do julgador, principalmente de inteligência e de vontade.

Como lembra Manuel Atienza, "*decisões se baseiam nos impulsos do juiz, que fundamentalmente não extrai esses impulsos das leis e dos princípios gerais do Direito, mas sobretudo de fatores in-*

---

no CPC-2015 caberá ao tribunal, para identificação do caso, pontuar todos os argumentos fáticos e jurídicos que deverão ser analisados igualmente e sob os mesmos pressupostos pelos membros do colegiado, de maneira a se permitir a extração, pós-julgamento, dos fundamentos determinantes (*ratio decidendi*) objeto de discussão a ser utilizados como padrão decisório panorâmico para casos futuros. Do mesmo modo, nos juízos monocráticos caberá, na elaboração do relatório, indicar os fatos operativos a permitir, mediante analogias e contra-analogias, a aplicação adequada do precedente mediante exata identificação e aplicação de seus fundamentos determinantes (art. 489, §1º, inc. V) e nunca de modo mecânico, sem comparações, como hoje se mostra corriqueiro. Igualmente, a identificação no relatório dos fatos operativos do caso viabilizará a demonstração da existência de distinção no caso em julgamento ou a superação do entendimento (art. 489, §1º, inc. VI). Pontue-se, como já dito, que na hipótese de o precedente já ter enfrentado com amplitude, em sua formação, os argumentos relevantes suscitados no atual caso em julgamento, será despiciendo ao julgador enfrentar novamente os mesmos argumentos (suscitados pelas partes) no caso atual (como preceitua o art. 489, §1º, inc. IV), salvo quando a parte trouxer novos argumentos relevantes ou que permitam a distinção entre os casos, eis que o objetivo do dever de consideração (THEORORO JR et al, 2015) não é o de burocratizar o julgamento, mas aprimorar qualitativamente os julgamentos (NUNES, Dierle; HORTA, André Frederico. A doutrina do precedente judicial: Fatos operativos, argumentos de princípio e o novo Código de Processo Civil. BUENO, Cássio Scarpinela (org.). Novo CPC. São Paulo: Editora Artmed Panamericana/IBDP. 2015)

33. Para uma melhor compreensão do problema, há que se ter presente que um precedente (súmula ou acórdão que exprima a posição majoritária) é (também) um texto, ao qual deve ser atribuído um sentido, a partir do caso concreto sob análise. [...] É a especificidade que o diferencia (ou não) da cadeia decisional que vem sendo seguida pelo Tribunal. Consequentemente, haverá sempre um grau de generalização a ser extraído do núcleo da decisão, que fará a ligação hermenêutica (compromissos discursivos) com os casos posteriores que serão analisados em sua individualidade (STRECK, 320).

dividuais que, entretanto, são "mais importantes que qualquer coisa que poderia ser referida como preconceitos políticos, econômicos ou morais" (ATIENZA, 2003, p. 114)[34].

Do exposto decorre a conclusão, segundo a qual "*Ser justo não é aplicar corretamente uma regra qualquer. Não se é justo ao aplicar, por exemplo, a regra "não se deve mentir". Pois a regra que vai ser aplicada deve ter certa estrutura lógica: deve enunciar ou implicar a maior de um silogismo imperativo*" (Perelman, 1996, p. 45).

Esse cenário remete à conclusão que em um sistema que garante acesso amplo, não pode sofrer limitações estabelecidas pela própria justiça que passaria a atuar como Parlamento, em franca inobservância à separação das funções estatais.

Apesar de não se duvidar da importância do precedente, frisa-se, o qual, dentre tantas virtudes, propõe assegurar uma prestação jurisdicional previsível, apenas precedentes persuasivos[35] se mostram compatíveis com o art. 5º, XXXV da CRFB/88 que, numa perspectiva material, assegura acesso a ordem jurídica justa[36].

> Quando mais diversificado for o judiciário, mais sólidas serão as decisões que exigem um forte apoio em seu interior – mas menos provável será que uma determinada decisão venha a exigir tal apoio, e tanto mais exposta ficará, portanto, a contingencia da doutrina jurídica. Alguns advogados e juízes acreditam que

---

34. ATIENZA, Manuel. As razões do direito: teorias da argumentação jurídica. Tradução de Maria Cristina Guimarães Cupertino. ETCetera Editora de Livros e Revistas Ltda – São Paulo, 2003.

35. Segundo Teresa Alvim (2015:1315), a obrigatoriedade forte é aquela que, se não respeitada, abre a possibilidade do cabimento de remédio processual específico.

36. Não se questiona as opções do texto constitucional que no art. 102, §2º da CRFB/88 preceitua que "*As decisões definitivas de mérito, proferidas pelo Supremo Tribunal Federal, nas ações diretas de inconstitucionalidade e nas ações declaratórias de constitucionalidade produzirão eficácia contra todos e efeito vinculante, relativamente aos demais órgãos do Poder Judiciário e à administração pública direta e indireta, nas esferas federal, estadual e municipal.*", nem mesmo à hipótese de sumula vinculante, prevista no art. 103-A,er é neste estudo questionada.

> um judiciário diversificado é ruim, pois torna o direito incerto e imprevisível. Eles tem seus motivos para pensar assim. Porém, do ponto de vista não da ordem, mas do conhecimento, estão errados. Um judiciário diversificado expõe – ainda que ao mesmo tempo reduza – a pobreza intelectual do direito visto como método não apenas de conciliar disputas com autoridade, mas também de oferecer respostas cogentes às questões sociais. (POSNER, 2007, p. 613)

Aliás, se a própria Constituição estabeleceu raras limitações[37] àquela garantia constitucional, não se mostra factível, ainda que com base legal, que o Judiciário amplie tais exceções.

37. Não caberá *habeas corpus* em relação a punições disciplinares militares (CRFB/88, 142, §2º). O Poder Judiciário só admitirá ações relativas à disciplina e às competições desportivas após esgotarem-se as instâncias da justiça desportiva, regulada em lei (CRFB/88, 217, §1º).

CONCLUSÃO

Em um Estado Democrático de Direito, o Judiciário assume posição de destaque, notadamente quando, como garantia constitucional, ressai o acesso efetivo, adequado e tempestivo. Sua missão primeira é a de resguardar direitos e garantias fundamentais que se expressam, com destaque marcante, nas liberdades individuais.

Na perspectiva legislativa e na aplicação do direito, imperioso que se utilize técnicas que confiram a já referida efetividade e que as demandas não padeçam de dilações indevidas e intermináveis.

De igual forma, um sistema jurídico que promove a defesa de direitos e garantias fundamentais deve primar pela segurança jurídica que se expressa na proteção da confiança, em um aspecto subjetivo, e na estabilidade das relações jurídicas, no aspecto objetivo. Enfim, uma prestação jurisdicional deve ser previsível e que cultue a coerência já que pleitos iguais merecem soluções idênticas, como decorrência do tratamento isonômico.

Contudo, imperioso destacar que um ordenamento que assegura o acesso a uma ordem jurídica justa, não pode se preocupar com aspecto quantitativo da prestação jurisdicional, o que não fica difícil perceber em nosso meio dado o infindável número de metas impostas aos magistrados brasileiros. A propósito, a imposição de metas o que se busca é a redução de estoque processual em olvide à qualidade de pronunciamentos judiciais.

Nesse viés e a pretexto de cumprir o mandato constitucional, nosso sistema, notadamente a partir da Lei 13.105/2015, caminha por acolher o direito jurisprudencial numa mixagem com a família *common law*, já que não se abandona as previsões normativas, até por força do que consta no art. 5º, II da CRFB/88.

Porém, um dos grandes problemas práticos que se enfrenta é a dificuldade de se identificar a *ratio decidendi* ou *holding*, ponto central de um sistema que cultua o precedente que, em tal propósito, destaca os métodos idealizados por *Wambaugh* e *Goodhart*. Como visto, com Maccormick, existe a possibilidade de o precedente ter uma ou várias razões determinantes da decisão, assim como não se exclui a possibilidade de não ter nenhuma.

E é nesse cenário que se propõe a imposição do padrão decisório.

Por certo, mostra-se inquestionável que, na perspectiva da previsibilidade da prestação jurisdicional, sejam elaboradas regras universalizáveis que, a um só tempo, permitam a identificação da razão de decidir, norteiem o trabalho do juiz e, também, confiram-lhe margens para analisar as vicissitudes do caso particular.

Porém, se por um lado a liberdade decisória fomenta incerteza e o decisionismo, por outro a prescrição de um padrão decisório, em total prestigio ao direito idealizado pelos Tribunais, constitui empeço à evolução do direito.

Isso porque, de plano, desprestigia-se outras fontes do direito, a exemplo da doutrina e do próprio processo histórico. Não bastasse, confere primazia ao Judiciário que, inclusive, pode atuar na função de legislador positivo em franco descompasso com a separação das funções estatais.

Demais a mais, o acesso ao sistema de justiça opera-se apenas formalmente já que se têm respostas pré-elaboradas e, além disso, não mais se poderá debater o precedente já que a discussão restringir-se-á à aplicação ou não – do precedente – que, sendo aplicado, inclusive, comprometerá até o acesso às vias recursais em função de impedimentos legais (CPC, 932, IV), sem olvidar à sistemática de agravamento de verbas sucumbenciais (CPC, 85, §11).

Apesar de sabido que o direito deve ter pretensão de ser uma ordem, de construir um sistema no sentido de ordenação do que de comando, buscando orientar o agir dos indivíduos a ele submetidos, não se mostra acertado seguir obrigatoriamente precedentes com o fim de gerar estabilidade já que o sistema brasileiro, a partir da leitura do art. 5º, XXXV da CRFB/88, é marcado pela flexibilidade e ampla abertura, qualidades que, por opção do constituinte originário, servem melhor aos litigantes.

Dessa forma, essa imposição de padrão decisória constitui mais um elemento de constrangimento da atividade judicial que, além de se curvar aos atos normativos, deve seguir, preferencialmente, as regras elaboradas pelo direito jurisprudencial.

Essa postura não aquiesce com garantias constitucionais, notadamente a do acesso a uma ordem jurídica justa.

De certo, todas as restrições às garantias constitucionais apenas se legitimam por determinação do próprio texto constitucional, não podendo o Parlamento ou Judiciário ampliá-las.

Assim, sem questionar as opções do constituinte feitas expressamente no texto constitucional – arts. 102, §2º e 103-A da CRFB/88 –, nosso sistema apenas se compatibiliza com os precedentes persuasivos mediante o estabelecimento de regras universalizáveis e, assim, sobrevindo caso que escapa a essa regra, é então legítimo – na medida em que a disposição tomada é insuficiente e errônea por causa de seu caráter absoluto – trazer um corretivo para suprir essa insuficiência o que o próprio legislador editaria se lá estivesse e o que teria prescrito na lei se tivesse tido conhecimento do caso em questão.

Deve-se deixar registrado que não se está a advogar a liberdade decisória, cujo decisionismo, a pretexto de uma postura neoconstitucional, tanto mal oferece ao jurisdicionado, levando a sociedade a ser gerida arbitrariamente, onde decisões de todas as espécies são tomadas de acordo com a veneta ou o capricho de alguém naquele momento.

Nesse passo, reafirmando a visão posneriana, quando mais diversificado for o judiciário, mais sólidas serão as decisões que exigem um forte apoio em seu interior já que um judiciário diversificado expõe a pobreza intelectual do direito visto como método não apenas de conciliar disputas com autoridade, mas também de oferecer respostas cogentes às questões sociais, realidade que, de resto, mais interessa ao jurisdicionado.

Contudo, esse dinamismo, repita-se, não significa ampla liberdade decisória eis que o juiz deve sempre observar o processo decisório passado e analisar as consequências da decisão para o futuro na exata medida em que não existem decisões certas isoladamente. Daí a necessidade da existência de uma consistência articulada entre as decisões, de modo a tratar o caso de forma compatível com a solução adotada em outros casos em decisões anteriores bem assim com decisões que a instituição está preparada para tomar em circunstâncias hipotéticas que vierem a surgir.

Dessa forma, prestigia-se o processo decisório e não fomenta práticas estandardizadas.

Ressalte-se, na linha dworkiniana, a objeção à aplicação estrita e cega das regras já que o juiz não deve simplesmente reproduzir a história, deve escrevê-la. Apenas não deve escrevê-la do nada ou para o nada eis que a escrita do juiz deve se realizar a partir de capítulos anteriores e na ciência de que haverá capítulos posteriores.

Aliás, no propósito de franquear o acesso a uma ordem jurídica justa, como visto nos ensinamentos de Perelman, o juiz não pode se contentar em aplicar estrita e cegamente as regras que decorrem de seu sistema normativo porque deve sempre enfrentar fundamentos arbitrários das imperfeições do sistema.

Em arremate, com Henri De Page (RSTJ 129/364), o juiz não pode quedar-se surdo às exigências do real e da vida. O direito é uma coisa essencialmente viva. Está ele destinado a reger homens, isto é, seres que se movem, pensam, agem, mudam e se modificam.

O fim das regras não deve ser a imobilização ou a cristalização da vida, e sim manter contato íntimo com esta, segui-la em sua evolução e adaptar-se a ela. Daí resulta que o direito é destinado a um fim social, de que deve o juiz participar ao interpretar as leis, sem se aferrar ao texto, às palavras, mas tendo em conta não só as necessidades sociais que elas visam a disciplinar, como, ainda, as exigências de justiça e de equidade, que constituem o seu fim.

Em outras palavras, a interpretação das regras não deve ser simplesmente formal, mas sim, antes de tudo, real, humana e socialmente útil, forma de proceder que, por certo, terá a virtude de conferir às partes o verdadeiro acesso – amplo, efetivo, adequado e tempestivo – ao sistema de justiça.

BIBLIOGRAFIA

ALVIM, Teresa Arruda. **Estabilidade e Adaptabilidade como Objetivos do Direito: Civil Law e Common Law**. *In:* **Revista de Processo,** v. 172. Junho de 2009.

ANDREWS, Neil. **O moderno processo civil brasileiro**: formas judiciais e alternativas de resolução de conflitos na Inglaterra. Orientação e revisão da tradução de Teresa Arruda Alvim. São Paulo: Revista dos Tribunais, 2009.

ARISTÓTELES. **Ética a Nicômacos**. Trad. Mário da Gama Kury. 4. ed. Brasília: UnB, 2001.

ATAÍDE JÚNIOR, Jaldemiro Rodrigues de. **Precedentes vinculantes e irretroatividade do direito no sistema processual brasileiro: os precedentes dos tribunais superiores e sua eficácia temporal**. Curitiba: Juruá, 2012;

ATIENZA, Manuel. **As razões do direito: teorias da argumentação jurídica**. Tradução de Maria Cristina Guimarães Cupertino. ETCetera Editora de Livros e Revistas Ltda – São Paulo, 2003.

BACHOF, Otto. **Normas Constitucionais Inconstitucionais**. Trad. José Manuel M. Cardoso da Costa. Ed. Livraria Almedina: Portugal, 1994.

BONAVIDES, Paulo. **Curso de Direito Constitucional** – 7ª edição – São Paulo: Malheiros, 1997.

BUSTAMANTE, Thomas da Rosa de Bustamante. **Teoria do precedente judicial**: a justificação e a aplicação de regras jurisprudenciais. São Paulo: Noeses, 2012

CAPPELLETTI, Mauro. GARTH, Bryant. **Acesso à Justiça**. Tradução de Ellen Gracie Northfleet. Porto Alegre, Fabris, 1988

DINAMARCO, Cândido Rangel. **Instituições de Direito Processual Civil**, V.1. 6 ed. 2009, São Paulo: Malheiros.

DUXBURY, Neil. **The nature and autority of precedente**. Cambridge: Cambridge University Press, 2008.

HESSE, Konrad. **A força normativa da constituição**. Porto Alegre: Safe, 1991.

HORTA, Raul Machado. **A Autonomia do Estado-Membro no direito constitucional brasileiro**. Tese de concurso para docência livre da cadeira de Direito Constitucional da Faculdade de Direito da UFMG. Belo Horizonte: Edição da Faculdade, 1953. Com o título 'O Controle da Constitucionalidade das Leis no Regime Parlamentar'

LASSALE, Ferdinand – **Que é uma CONSTITUIÇÃO** – Edições e Publicações Brasil, São Paulo, 1933 – Tradução Walter Stönner

LEAL, Roger Stielfelman. **O efeito vinculante na jurisdição constitucional** – São Paulo: Saraiva, 2006.

MACCORMICK, Neil. **Argumentação jurídica e teoria do direito** – tradução Waldea Barcellos; revisão da tradução Marylene Pinto Michael – 2ª edição – São Paulo – Editora WMF Martins Fontes, 2009

______. **Retórica e o estado de direito: uma teoria da argumentação jurídica**. Tradução de Conrado Hübner Mendes e Marcos Paulo Veríssimo. Rio de Janeiro: Elsevier, 2008.

MARINONI, Luiz Guilherme. **Precedentes obrigatórios**. 5ª edição. São Paulo: Revista dos Tribunais, 2016.

MELLO, Patrícia Perrone Campos. **Precedentes – o desenvolvimento judicial do direito no constitucionalismo contemporâneo**. Rio de Janeiro: Renovar, 2008.

MONTESQUIEU, Barão de. **Do Espírito das Leis**. São Paulo: Abril Cultural, 1973.

NERY JUNIOR, Nelson. **Comentários ao Código do Processo Civil**/Nelson Nery Junior, Rosa Maria de Andrade Nery – São Paulo: Editora Revista dos Tribunais, 2015.

NOGUEIRA, Gustavo Santana. **Stare Decisis et Non Quieta Movere**: a vinculação aos precedentes no direito comparado e brasileiro. Rio de Janeiro: Lúmen Júris, 2010.

NOVELINO, Marcelo. **Direito Constitucional** – São Paulo : Método, 2008.

NUNES, Dierle; HORTA, André Frederico. **A doutrina do precedente judicial: Fatos operativos, argumentos de princípio e o novo Código de Processo Civil**. BUENO, Cássio Scarpinela (org.). Novo CPC. São Paulo: Editora Artmed Panamericana/IBDP. 2015

ODAHARA, Bruno Periolo. **Um rápido olhar sobre o stare decisis. In A força dos precedentes: estudos dos cursos de mestrado e doutorado em direito processual civil da UFPR**. Luiz Guilherme Marinoni (coordenador). Salvador: JusPODIVM, 2010

PERELMAN, Chain. **Ética e Direito** – Tradução de Maria Ermantina Galvão G. Pereira – São Paulo: Martins Fontes, 1996

POSNER, Richard. **Problemas de filosofia do direito**. Tradução de Jeferson Luiz Carmargo e revisão técnica de tradução de Mariana Mota Prado, Martins Fontes, 2007

Primeiros comentários ao novo código de processo civil: artigo por artigo/Coordenação Teresa Arruda Alvim – 1ª edição – São Paulo: Editora Revista dos Tribunais, 2015.

QUINTAS, Fábio Lima. **Para que um novo código de processo civil? Uma reflexão sobre os novos contornos da função jurisdicional**. Revista dos Tribunais Online – Revista de Processo/vol. 256/2016/p. 295-316/jun/2016 – DTR 2016/19774.

______. **Um ensaio sobre a função da lei no Estado Democrático de Direito: uma reflexão a partir da obra de Neil MacCormick**/ Fábio Lima Quintas. – Brasília: IDP, 2014.

RAO, Vicente. **O direito e a vida dos direitos** – 7ª edição anotada e atual. Por Ovidio Rocha Barros Sandoval – São Paulo: Editora Revista dos Tribunais, 2013

ROCHA, José de Albuquerque. **Teoria Geral do Processo.** 10 ed. São Paulo: Atlas, 2009.

SANDEL, Michael J. – **Justiça – O que é fazer a coisa certa** – tradução de Heloise Matias e Maria Alice Máximo – 17ª edição – Rio de Janeiro, Civilização Brasileira, 2015

SARLET, Ingo Wolfgang, MARINONI, Luiz Guilherme, MITIDIERO, Daniel. **Curso de Direito Constitucional.** 2 ed. São Paulo: Revista dos Tribunais, 2013

SARLET, Ingo Wolfgang; TESHEINER, José Maria Rosa; FERNANDES, Juliano Gianechini. **Instrumentos de Uniformização da Juris-**

prudência e Precedentes Obrigatórios no Projeto do Código de Processo Civil. Porto Alegre, 2013

SAUSEN, Dalton. **A utilização (in)devida dos precedentes: uma reflexão para além dos aspecto quantitativo da prestação jurisdicional**. Revista do Tribunal de Contas do Estado de Minas Gerais – janeiro/fevereiro/março 2011/v. 78 – n. 1 – ano XXIX.

TARUFFO, Michele. **Observações sobre os modelos processuais de Civil Law e de Common Law**. Revista de processo. São Paulo: Revista dos Tribunais, abril\junho, 2003.

ZAVASCKI, Teori Albino. **Eficácia das Sentenças na jurisdição constitucional** – São Paulo: Editora Revista dos Tribunais, 2001.

EDITORA *Jus*PODIVM
www.editorajuspodivm.com.br

Impresso por :

Graphium
gráfica e editora

Tel.:11 2769-9056